Dr. Luisa AVRAM

—Psiholog clinician şi psihoterapeut—

SIMT PREA MULT

Calea ta spre autoreglare emoţională

Descrierea CIP a Bibliotecii Naţionale a României
AVRAM, LUISA
    Simt prea mult / dr. Luisa Avram. - Otopeni : Letras, 2025
    Conţine bibliografie
    ISBN 978-630-312-490-2

159.9

ISBN eBook ePUB 978-630-312-491-9

Întreaga responsabilitate pentru conţinutul acestei cărţi aparţine autorului.
Copyright 2025, Luisa Avram.
Copyright 2025, Editura Letras.

Această carte este protejată de legea dreptului de autor.
Carte distribuită de www.piatadecarte.net,
email: office@piatadecarte.com.ro

Comenzi la tel. 021 367 5228 // 0787 708 844
Pentru solicitări de publicare vă puteţi adresa editurii, pe mail:
edituraletras@piatadecarte.com.ro

Editura Letras / www.letras.ro
contact@letras.ro

Pentru ai mei, Alvin și Ruby

Cuvânt înainte

Trăim vremuri în care emoțiile au devenit un subiect... aproape cool. Le regăsești în podcasturi, cărți, postări virale. Toată lumea vorbește despre ele – le analizează, le explică, le descompune. Și totuși, în viața reală, în intimitatea zilelor noastre, ceva nu pare să se fi schimbat: emoțiile încă ne sperie. Ne blochează. Ne apasă. Ne e teamă să le simțim sau ne rușinăm că le avem.

În practica mea de psiholog aud din ce în ce mai des cuvinte precum: „Nu mai vreau să simt atât." „Cum scap de emo-țiile astea?" „Aș vrea să fiu puternic(ă), să nu mă mai afecteze nimic."

Dar asta nu e slăbiciune. E epuizare. E dorința profund umană de liniște, de ușurare. Trăim într-o lume care, subtil sau nu, ne spune că vulnerabilitatea e un defect. Așa ajun-gem să ne trăim emoțiile ca pe niște inamici.

Dar adevărul este că ele nu sunt o greșeală. Nu sunt o pro-blemă de „sistem". Emoțiile sunt busolele noastre inte-rioare. Ne arată ce contează. Ce ne doare. Ce ne mișcă. Ce ne ține vii.

Nu faptul că simțim e problema. Ci încercarea disperată de a nu mai simți. Când vrem să fim „bine" cu orice preț, când ne străduim să controlăm tot ce se întâmplă înăuntru, riscăm să ne închidem nu doar față de durere, ci și față de bucurie, speranță, iubire, curiozitate.

Cartea aceasta nu vine cu formule magice. Nu-ți va oferi scurtături. În schimb, îți face o propunere curajoasă și eliberatoare: să-ți dai voie să simți. Să faci loc emoțiilor tale – nu ca să te conducă, ci ca să te însoțească. Să înveți să mergi mai departe cu ele alături, fără să te confunzi cu ele.

Puterea nu e absența fricii. Puterea e să pășești înainte, chiar și cu frica în suflet. E să alegi ce contează pentru tine și să mergi spre acel „ceva" – cu inima bătând tare și, uneori, cu ochii plini de lacrimi.

Această carte este despre tine. Despre cum să fii prezent(ă) în propria viață. Despre cum să faci pace cu cine ești, nu cu cine „ar trebui" să fii. Despre cum să-ți recuperezi libertatea de a simți, de a trăi, de a fi.

Dacă simți că a venit momentul să te întâlnești cu tine – nu ca să te repari, ci ca să te înțelegi, cu blândețea pe care poate n-ai primit-o niciodată – atunci da, ești exact unde trebuie. Și putem merge mai departe, împreună.

Cuprins

CAPITOLUL V

Un mic ghid pentru zile grele 107

CAPITOLUL VI 114

Cum să nu te pierzi în ce simți 114

CAPITOLUL VII

Ce rămâne după ce simți 120

CAPITOLUL I

Când simţi totul prea mult...

*"Mă simţeam ca o rană deschisă, fără nicio protecţie.
Atât de fragilă, încât orice atingere m-ar fi putut sfărâma
în mii de cioburi. Era ca şi cum fiecare om din jurul meu
purta, fără să ştie, puterea de a mă răni"*

– Marsha M. Linehan

Sunt oameni care simt cu tot corpul, cu toată inima, cu toată pielea. Oameni care nu pot trece prin viaţă închizând uşa la emoţii doar pentru că „nu e momentul", „nu e logic" sau „nu se cade". Oameni pentru care o vorbă poate tăia adânc, o privire poate înmuia genunchii, o amintire poate aprinde un foc în piept, din nimic. Simţitul, pentru ei, nu e opţional. Este o formă de a exista.

Dacă eşti unul dintre ei, ştii cum e. Emoţiile nu vin uşor, nu vin blânde, nu vin rareori. Ele vin în valuri. Te iau pe sus. Uneori nu le înţelegi nici tu. Poate te trezeşti cu lacrimi în ochi fără un motiv clar sau cu o bucurie care îţi umple stomacul ca un balon cald. Poate ai fost făcut(ă) să crezi că eşti „prea sensibil(ă)", că reacţionezi „exagerat", că e ceva în neregulă cu tine. Dar cum să le explici că, pentru tine, lumea e mai tare, mai ascuţită, mai colorată? Că tot ce trăiești se amplifică în interiorul tău, că totul se simte… mult?

Nu e ușor să porți în tine o lume atât de intensă. E frumos, dar obositor. E viu, dar greu. Sunt zile în care simți că nu mai încapi în tine de câtă viață se mișcă în pieptul tău. Și totuși, ești aici. Cu tot ce simți. Cu toate nuanțele și valurile și durerile și dorurile tale. Ești aici și simți. Uneori te doare, alteori te înalță. Dar mereu, mereu, te face uman(ă).

Acest capitol e pentru tine. Pentru inima ta care bate tare, uneori prea tare. Pentru trăirile tale care nu încăpeau în fraze simple. Pentru tine, cel sau cea care s-a întrebat: *De ce simt așa mult?* Și n-ai avut un răspuns, dar ai știut că nu poți fi altfel.

De ce unii simțim mai intens?

I. Motive neurologice:

Simțurile ne însoțesc la fiecare pas – ne ajută să urcăm scările, să ronțăim un măr, să îmbrățișăm un prieten, să ne orientăm prin aglomerație sau să decidem când e sigur să traversăm strada.

Dar ai observat cât de rar ne gândim cu adevărat la ele?

Procesarea senzorială – sau **integrarea senzorială** – este abilitatea creierului de a primi, organiza și interpreta informațiile venite din corpul nostru și din mediul înconjurător. Cu alte cuvinte, este „limbajul" prin care corpul și mintea noastră colaborează pentru a funcționa în viața de zi cu zi.

Această teorie a fost dezvoltată în anii '60 de către A. Jean Ayres, o terapeută ocupațională vizionară, care a descoperit cât de mult influențează integrarea senzorială dezvoltarea, comportamentul și învățarea – mai ales la copii și adolescenți.

Pentru cei mai mulți dintre noi, simțurile funcționează automat. Nu ne gândim conștient la cum ne menținem echilibrul, cum recunoaștem un miros cunoscut sau de ce tresărim când auzim un zgomot brusc.

Însă, în spatele acestor reacții aparent simple se află un sistem sofisticat, care face legătura în permanență între ceea ce simțim și modul în care răspundem.

Un dans constant între simțuri și acțiuni

Gândește-te la procesarea senzorială ca la un dans continuu între corp și mediu. Informațiile vin prin simțuri (input senzorial), sunt interpretate de creier și apoi ne mișcăm, ne adaptăm sau reacționăm (output motric).

Ce se întâmplă, mai exact?

Receptăm informația (prin piele, ochi, urechi, mușchi etc.)

Observăm că a apărut un stimul

Integrăm mesajele din diferite simțuri

Modulăm intensitatea percepțiilor (ce ignorăm, ce amplificăm)

Discriminăm între tipuri de senzații – recunoaștem ce anu-me simțim

Rezultatul? Un corp care se mișcă, reacționează, se adap-tează – fără să stăm să ne gândim prea mult.

Cele 8 simțuri: mai multe decât ai crede

Deși suntem obișnuiți să vorbim despre cele cinci simțuri „clasice" – văz, auz, miros, gust și atingere – realitatea e că avem **opt simțuri** esențiale. Cele trei mai puțin cunoscute sunt de fapt fundamentale pentru echilibru, orientare și autoreglare.

1. Tactil

Ne oferă informații prin piele – despre texturi, temperaturi, durere sau plăcere. Ne ajută să:

- Identificăm ce atingem sau ce ne atinge.

- Simțim siguranță, conexiune, confort.

- Tolerăm atingerile zilnice fără disconfort.

2. Vestibular (mişcarea şi echilibrul)

E legat de gravitație și de poziția capului. Ne ajută să:

- Stăm drepți, să nu cădem, să nu ne simțim amețiți.

- Ne reglăm nivelul de energie şi stare emoțională.

- Facem față mişcărilor bruşte sau schimbărilor de direcție.

- Este simțul care ne ajută să ne calmăm, să ne trezim dimineața, să ne adaptăm și să funcționăm într-o lume în continuă mişcare.

3. Proprioceptiv (poziţia corpului)

Ne spune unde sunt membrele noastre și câtă forță folosim. Ne ajută să:

- Apăsăm corect un întrerupător, să strângem mâna cu fermitate.

- Ne coordonăm mişcările fără să ne uităm la fiecare gest.

- Ne mişcăm cu „măsură" şi eficiență.

4. Vizual

Înseamnă mai mult decât a vedea – înseamnă a înțelege ce vezi:

- Recunoști obiecte, fețe, litere, distanțe.

- Observi mișcări, forme, culori.

- Îți coordonezi ochii pentru a vedea clar și tridimensional.

5. Auditiv

Nu doar că auzim, dar și interpretăm sunetele:

- Ne orientăm după zgomote, voci, direcții.

- Deosebim între sunete asemănătoare (voce de pro-fesor vs. zgomot de fundal).

- Suportăm sau reacționăm la sunete bruște sau intense.

6. Olfactiv

Prin miros ne conectăm la amintiri, siguranță sau pericol:

- Identificăm arome plăcute sau mirosuri toxice.
- Ne orientăm în medii familiare sau ne protejăm instinctiv.

7. Gustativ

Ne ajută să:

- Simțim și apreciem gusturi (dulce, acru, sărat, amar, umami).

- Deosebim alimente bune de cele stricate.

8. Interoceptiv (simțul intern)

Este **vocea interioară a corpului:**

- Ne spune când ne este foame, sete sau când avem nevoie la baie.

• Ne ajută să recunoaştem emoţii prin senzaţii fizice (nod în gât, inimă accelerată).

• Sprijină autoreglarea emoţională şi conştientizarea de sine.

Abilităţi perceptiv-motorii: când simţurile dau viaţă mişcării

Pe măsură ce creştem, devenim tot mai buni la a ne mişca prin lume. Nu doar la propriu – ci şi în sensul adaptării, învăţării, înţelegerii. Iar la baza acestui progres stau simţurile noastre, care colaborează pentru a susţine ceva ce se numeşte **abilităţi perceptiv-motorii**.

Cu alte cuvinte, percepţiile senzoriale (ce simţim) şi mişcările noastre (ce facem) lucrează împreună. Această colaborare susţine totul, de la a merge pe bicicletă până la a copia ceva de pe tablă sau a ne îmbrăca dimineaţa.

Echilibrul

Rezultatul colaborării dintre simţul vestibular, pro-prioceptiv şi vizual.

Static – să stai nemişcat într-un loc, chiar şi când eşti împins sau într-un spaţiu aglomerat.

Dinamic – să mergi pe nisip, să urci scări, să alergi fără să cazi.

Coordonarea bilaterală

Folosirea ambelor părţi ale corpului simultan şi armonios – ceva esenţial pentru:

• Aplaudat

- Purtat o tavă sau o sacoşă

- Spălat părul, împins căruciorul, pompat roata la bici-
cletă

- Citit (folosind ambii ochi sincronizat)

Conştientizarea corporală

Imaginea mentală a propriului corp – unde sunt părţile, cum se mişcă, cum interacţionează.

- Ne ajută să ne îmbrăcăm, să ne aşezăm pe scaun, să dansăm sau să jucăm sport.

- E fundamentală pentru încredere în propriile miş-cări.

Direcţionalitatea

Înţelegerea orientării în spaţiu: sus, jos, înainte, înapoi, lateral.

E esenţială pentru a citi o hartă, a găsi maşina în parcare, a monta un raft sau a te orienta într-un liceu nou.

Controlul motor fin

Mişcări precise, de fineţe, realizate cu degetele, ochii, gura:

- Împachetat, decupat, scris, închis nasturi, deschis borcane

- Privirea care urmăreşte obiecte sau trece de la tablă la caiet

- Mişcările gurii – pentru a mesteca, vorbi, bea cu paiul sau cânta

Controlul motor grosier

Mișcări mari, ample, implicând brațele, picioarele și trunchiul:

- Alergat, cățărat, pedalat, cărat obiecte grele
- Îmbrăcat, suit în autobuz, mutat mobilă

Lateralitatea

Capacitatea de a mișca o parte a corpului independent de cealaltă.

- Deschis un borcan cu o mână și întins untul cu cealaltă
- Deschizând sau încheind fermoare
- Lovit mingea cu un picior, ținut hârtia în timp ce scrii

Traversarea liniei mediane

Folosirea mâinii, piciorului sau ochiului dintr-o parte a corpului în cealaltă parte – adică „peste linia imaginară" care ne împarte corpul în două.

- Mângâiat cotul opus
- Periat părul pe partea opusă
- Amestecat compoziția pentru prăjituri

Planificarea motorie (motor planning)

Abilitatea de a gândi, organiza și executa pașii necesari pentru o mișcare nouă sau complexă. E esențială pentru:

- Făcut un duș
- Jucat tenis
- Învățat să mergi cu bicicleta sau să deschizi o umbrelă

- Tastat sau cântat la pian

Conştientizarea vizual-spaţială

Ştiu unde sunt în spaţiu, unde sunt ceilalţi şi cum mă mişc în raport cu mediul.

> Navigat printre oameni într-un mall

> Parcat maşina sau strecurat bicicleta printre obstacole

> Vizualizat în minte cum va arăta un proiect sau unde e ceva ce nu pot vedea (de exemplu, scările de sub coşul de rufe)

Abilităţi auditiv-lingvistice

Mai mult decât simplul auz: capacitatea de **a înţelege şi a folosi sunetele şi limbajul**.

- Ascultat la şcoală, urmat instrucţiuni, răspuns coe-rent
- Spus clar cuvintele, purtat o conversaţie, exprimat idei
- Reglat volumul vocii
- Scris, citit şi vorbit fluent

Pe măsură ce ne dezvoltăm fizic, cognitiv şi emoţional, simţurile ne însoţesc în această călătorie. În esenţă, dezvoltarea senzorială nu este doar despre simţuri – ci despre cum devenim oameni care pot simţi, înţelege, comunica şi trăi în lume cu încredere.

Când simţi prea mult: cum procesarea senzorială dezechilibrată poate copleşi

Ne naştem cu o capacitate uimitoare de a simţi. Însă, pentru unii dintre noi, **a simţi devine... prea mult**. Atunci când procesarea senzorială este dezechilibrată, lumea din jur nu mai este un loc gestionabil, ci devine copleşitoare, haotică, uneori chiar dureroasă.

Procesarea senzorială este felul în care creierul nostru filtrează şi organizează tot ce vine prin simţuri. Când acest sistem funcţionează bine, ne mişcăm, ne adaptăm, trăim – fără să fim copleşiţi. Dar când ceva nu merge cum trebuie, simţurile încep să „ţipe" în loc să „şoptească", iar viaţa devine un maraton printr-o lume prea intensă.

Ce înseamnă, de fapt, „să simţi prea mult"?

Sunetele nu mai sunt doar zgomote – sunt explozii. O sală de clasă, o alarmă, un strigăt – toate pot declanşa panică.

Luminile pot fi orbitoare, chiar dureroase.

Texturile hainelor sau alimentelor pot fi insuportabile – chiar şi o etichetă mică devine agresivă.

Mişcarea poate da ameţeli sau senzaţia că eşti în pericol.

Mirosurile obişnuite pot deveni greţoase, sufocante.

Gusturile sunt amplificate – şi mâncarea normală poate părea inacceptabilă.

Corpul tău simte prea mult, prea intens – fiecare durere, fiecare bătaie a inimii, fiecare schimbare internă e per-cepută la maximum.

Pentru cineva cu **hipersensibilitate senzorială**, lumea nu este doar vie – este asurzitoare, dureroasă şi epuizantă.

Şi când simţurile nu funcţionează „destul"?

Pe de altă parte, unii oameni au **hiposensibilitate** – simt prea puţin şi caută senzaţii intense pentru a se simţi „prezenţi". Se lovesc, sar, trag de lucruri, caută mişcare şi stimulare în mod constant. Acest comportament nu e „răsfăţ", ci o încercare de a compensa un sistem senzorial care nu răspunde suficient.

Când simţurile devin obstacole

Atunci când procesarea senzorială este dezechilibrată, întreaga viaţă poate fi afectată:

> Relaţiile pot deveni tensionate: persoana evită con-tactul, se izolează sau reacţionează „ciudat" în ochii celorlalţi.

> Sarcinile simple devin o provocare: îmbrăcatul, statul la masă, mersul la şcoală.

> Emoţiile se amestecă cu senzaţiile – şi apare epu-izarea, frustrarea, neînţelegerea de sine.

Nu e deloc uşor să fii într-un corp care simte totul la 200%. E ca şi cum ai merge prin viaţă fără filtru – fiecare detaliu te loveşte, fiecare schimbare te zdruncină. Şi pentru mulţi copii, adolescenţi şi chiar adulţi, aceasta este realitatea de zi cu zi.

A simţi prea mult nu este o boală. E un semnal.

A simţi intens nu înseamnă că eşti slab. Înseamnă că sistemul tău nervos e în **alertă constantă** şi are nevoie de ajutor – nu de ruşine, judecată sau presiune.

Într-o lume care premiază controlul, calmul şi performanţa, cei care simt prea mult sunt adesea văzuţi ca „prea sensibili" sau

---

„complicați". Dar adevărul este că ei sunt doar prea conectați la **o lume care urlă, în loc să șoptească**.

Și tocmai de aceea, înțelegerea procesării senzoriale este un pas esențial către:

- empatie,

- sprijin adecvat,

- autoreglare,

- și, mai ales, pace interioară.

Să simți nu e o greșeală. Să simți intens nu e un defect. Este doar felul în care corpul tău îți vorbește – uneori mai tare decât ar trebui, alteori prea în surdină. Iar dacă simți că lumea e prea mult – prea vie, prea zgomotoasă, prea dură – e foarte posibil ca sistemul tău nervos să fie doar... obosit. Suprastimulat. Nepregătit. Sau poate n-a fost niciodată învățat cum să navigheze prin atâtea senzații.

Dar asta se poate învăța. Se poate regla. Cu blândețe. Cu răbdare. Cu sprijinul potrivit.

Nu trebuie să oprești ceea ce simți. Nici să te anesteziezi. Ci să înveți cum să trăiești alături de simțurile tale, nu împotriva lor. Să înveți cum să-ți reglezi volumul interior. Cum să faci loc. Cum să-ți înțelegi răspunsurile. Și, poate cel mai important, cum să te ierți pentru toate momentele în care corpul tău a reacționat altfel decât „ar fi trebuit".

Fie că ești un copil care tresare la fiecare sunet, un adolescent care simte totul prea intens sau un adult care se simte mereu „prea mult" sau „prea puțin" pentru lumea din jur, meriți să știi că nu ești singur(ă). Meriți o lume în care simțurile tale nu te definesc, ci te ghidează. O lume în care intensitatea nu este un pericol, ci o forță cu care înveți să dansezi.

Să faci pace cu simțurile tale înseamnă, de fapt, să te întorci la tine. Să te asculți cu mai multă blândețe. Să te simți – nu ca o povară, ci ca o prezență. Asta este începutul libertății adevărate.

II. Din motivul experienţei traumelor timpurii

Trauma timpurie afectează dezvoltarea unui proces esențial: **reglarea emoțională** – adică abilitatea de a recunoaște, înțelege și gestiona propriile emoții. Aceasta include tolerarea disconfortului emoțional, controlul impulsurilor și folosirea unor strategii sănătoase de coping *(Gratz & Roemer, 2004)*.

Această capacitate nu este înnăscută, ci se dezvoltă în copilărie, prin relații apropiate și sigure – în special cu părinții sau alte figuri de atașament. Copiii învață să își regleze emoțiile prin **oglindirea emoțională, validare** și **sprijin consecvent** *(Morris et al., 2007)*.

În medii abuzive, neglijente sau reci din punct de vedere emoțional, aceste învățături lipsesc. În loc de sprijin, copilul primește adesea respingere, pedeapsă sau ignorare atunci când exprimă ceea ce simte. Astfel, copilul nu învață ce înseamnă siguranța emoțională. Nu învață să identifice sau să numească emoțiile. Nu știe dacă e „în regulă" să simtă.

Iar în absența acestui ghidaj emoțional timpuriu, emoțiile devin haotice, intense, copleșitoare și greu de controlat *(Kim & Cicchetti, 2010)*.

Disregularea emoțională: când simţi totul, dar nu ştii ce să faci cu ce simţi

Dificultățile de reglare emoțională pot include:

• lipsa conștientizării sau înțelegerii propriilor emoții,

- incapacitatea de a le accepta,

- reacții impulsive în fața disconfortului,

- dificultatea de a folosi strategii adecvate pentru • calmare și adaptare *(Gratz & Roemer, 2004)*.

Aceste dificultăți sunt frecvent întâlnite la adulții care au suferit abuz sau neglijență în copilărie *(Moulton et al., 2015; Rellini et al., 2012)*.

Practic, în loc să regleze ceea ce simt, aceștia trăiesc emoțiile ca pe niște **valuri uriașe**, care vin peste ei fără avertisment și fără cale de ieșire.

De la simțire intensă la suferință psihică

Pentru ca reglarea emoțională să fie considerată **un mecanism de legătură între traumă și probleme emoționale**, ea trebuie să fie corelată cu suferințele psihice – și studiile confirmă acest lucru. Dificultățile în reglarea emoțiilor sunt asociate cu:

- tulburare de stres post-traumatic *(Bardeen et al., 2013)*, depresie *(Barnow et al., 2013)*,

- anxietate *(Goldsmith et al., 2013)*,

- tulburări de alimentație *(Moulton et al., 2015)*,

- tulburare borderline *(Limberg et al., 2011)*.

O meta-analiză amplă a demonstrat că disregularea emoțională joacă un rol central în apariția acestor probleme.

Simțitul intens este real. Și are o explicație.

Cercetările recente sugerează că **reglarea emoțională mediază relația dintre experiențele traumatice și suferința**

psihică ulterioară *(Lilly et al., 2014; Gaher et al., 2013; Moulton et al., 2015).*

Cu alte cuvinte, nu doar ceea ce ni s-a întâmplat ne afectează, ci și modul în care am învățat (sau nu) să gestionăm reacțiile noastre interioare.

O altă piesă importantă din acest puzzle este **afectul negativ** – adică predispoziția de a trăi emoții precum tristețea, furia sau frica mai **intens** și mai **frecvent** *(Watson et al., 1988).*

Această trăsătură poate amplifica dificultățile de reglare emoțională și influențează percepția și severitatea simptomelor psihice *(Brans et al., 2013; Diamond & Aspinwall, 2003).*

De aceea, afectul negativ trebuie luat în considerare atunci când explorăm legătura dintre trauma din copilărie, reglarea emoțională și sănătatea mintală *(Bradley et al., 2011; Smith et al., 2014).*

Concluzie: nu ești „prea sensibil(ă)". Ai simțit prea mult, prea devreme, fără ajutor.

A simți intens nu e un defect. A avea dificultăți cu emoțiile tale nu înseamnă că ești slab(ă). Înseamnă că ai trecut prin experiențe pentru care nu ai avut un cadru sigur de susținere. Corpul și sistemul tău nervos au făcut tot ce-au putut pentru a supraviețui. Dar acum pot învăța să se regleze.

Înțelegerea legăturii dintre trauma timpurie și simțirea intensă este începutul unui proces de vindecare. Nu ca să devii „normal(ă)", ci ca să te simți în siguranță în propria piele. Ca să înveți să stai cu ce simți – nu să fugi, nu să te îneci – ci să respiri.

Și să știi că ești întreg, chiar și atunci când simți totul.

III. Factori cognitivi

Modelul cognitiv în psihoterapia cognitiv-compor-tamentală (CBT), formulat de Aaron T. Beck, susține că nu evenimentele în sine generează emoțiile, ci **interpretarea subiectivă** pe care o atribuim acestor evenimente, prin intermediul **gândurilor automate** *(Beck, 1976)*.

Beck (2011) subliniază că oamenii formulează involuntar anumite gânduri spontane, care influențează direct natura și intensitatea emoțiilor resimțite.

De exemplu, dacă o persoană întâlnește un prieten care trece fără a o saluta, poate formula automat gândul:

„Mă disprețuiește", ceea ce declanșează emoții negative precum **tristețea** sau **furia**; în schimb, dacă persoana gândește: **„Probabil că este grăbit"**, emoțiile vor rămâne **neutre sau pozitive** *(Beck, 2011)*.

Așadar, **gândurile automate** sunt interpretări involuntare, rapide ale situațiilor și joacă un rol central în apariția emoțiilor.

Atunci când sunt eronate, distorsionate sau disfuncționale, ele contribuie la dezvoltarea și menținerea tulburărilor emoționale *(Clark & Beck, 2010)*.

În spatele gândurilor automate se află schemele cognitive – structuri mentale profunde, denumite și credințe fundamentale sau convingeri de bază. Acestea sunt formate în copilărie și organizează modul în care percepem și interpretăm lumea *(Beck, 2011; Young, Klosko & Weishaar, 2003)*.

Pot fi definite ca „tipare sau reguli implicite pentru pro-cesarea informației și interpretarea experiențelor" *(Young et al., 2003)*.

O schemă cognitivă disfuncțională este o convingere negativă, rigidă și generalizată despre sine sau despre lume, de exemplu:

„Sunt de neiubit" sau *„Lumea este periculoasă" (Beck, Freeman, Davis & Associates, 2004)*. Aceste scheme negative se dezvoltă, conform lui Beck, în contextul **experiențelor timpurii negative** marcante – critici frec-vente, abuz emoțional sau respingere parentală *(Beck & Haigh, 2014)*.

Copiii expuși acestor condiții pot interioriza convingeri latente precum: **„Sunt inutil"**, **„Nu merit iubire"**, ceea ce îi predispune la vulnerabilitate emoțională în viața adultă *(Young et al., 2003)*.

În schimb, experiențele timpurii pozitive pot contribui la formarea unor scheme adaptive, precum: **„Sunt valoros"** sau **„Pot avea succes"**, care acționează ca factori de protecție emoțională *(Beck & Haigh, 2014)*.

Atunci când o schemă negativă este activată de o situație stresantă, aceasta generează gânduri automate congruente, care declanșează emoții intense și disproporționate față de stimulul prezent *(Clark & Beck, 2010)*.

În plus, Beck (1976) a introdus conceptul de distorsiuni cognitive – erori sistematice în gândire prin care persoana interpretează experiențele în mod exagerat sau nerealist.

Aceste distorsiuni contribuie la menținerea credințelor negative și intensifică emoțiile negative *(Beck et al., 2004)*.

Printre distorsiunile cognitive frecvente se numără:

- **Catastrofizarea**: anticiparea celui mai grav rezultat posibil și amplificarea disproporționată a gravității unei situații („Totul va merge prost") *(Beck & Emery, 1985)*.

- **Filtrarea negativă** (abstracție selectivă): focalizarea exclusiv pe aspectele negative ale situațiilor și ignorarea celor pozitive, amplificând emoții negative precum tristețea sau vinovăția *(Beck & Haigh, 2014)*.

- **Gândirea dihotomică** („alb-negru" sau „totul sau nimic"): tendința de a percepe experiențele în termeni extremi („Dacă nu reușesc perfect, sunt complet ratat"), ducând la reacții emoționale intense precum frustrarea sau furia *(Beck et al., 2004)*.

- **Suprageneralizarea**: formularea unei concluzii generale negative bazate pe un singur eveniment negativ („Am picat examenul, sunt complet incompetent"), generând emoții intense de disperare sau tristețe *(Beck & Haigh, 2014)*.

- **Personalizarea**: atribuirea în mod eronat a responsabilității personale pentru evenimente externe negative („Partenerul meu este nefericit exclusiv din cauza mea"), cauzând sentimente intense de vinovăție sau anxietate *(Clark & Beck, 2010)*.

Beck (1976, 2011) subliniază că aceste procese cognitive eronate stau la baza intensificării emoționale în tulburări diverse, precum anxietatea, depresia sau tulburările de personalitate. De exemplu, în anxietate, persoanele supraestimează pericolele și catastrofizează, generând frică disproporționată și atacuri de panică *(Beck & Emery, 1985)*. În depresie, triada cognitivă negativă (percepții negative despre sine, lume și viitor) conduce la interpretări pesimiste persistente și emoții intense de tristețe, disperare și inutilitate *(Beck, Rush, Shaw & Emery, 1979)*.

De asemenea, în tulburările de personalitate, cum ar fi tulburarea borderline, scheme cognitive precum „Voi fi abandonat inevitabil" se activează rapid și generează reacții emoționale foarte intense la semnale minore sau ambigue de respingere, contribuind astfel la instabilitatea emoțională caracteristică acestor pacienți *(Beck et al., 2004; Young et al., 2003)*.

Studiile empirice confirmă legătura dintre distorsiunile cognitive și vulnerabilitatea emoțională crescută. De exemplu, cercetările longitudinale indică faptul că persoanele care prezintă un nivel mai mare de distorsiuni cognitive și scheme cognitive negative au un risc mai ridicat de a dezvolta depresie și anxietate în urma eve-nimentelor de viață negative *(Dozois & Beck, 2008)*.

În concluzie, modelul cognitiv al lui Beck oferă o explicație amplă și fundamentată științific asupra motivului pentru care unele persoane resimt emoții mai intense. Emoțiile intense apar atunci când gândurile automate negative și distorsiunile cognitive activează schemele cognitive disfuncționale formate timpuriu, intensificând interpretarea negativă și distorsionată a realității *(Beck, 2011; Clark & Beck, 2010)*. Intervențiile cognitiv-comportamentale vizea-ză exact aceste mecanisme, reușind să reducă intensitatea emoțională prin restructurarea cognitivă *(Beck & Haigh, 2014)*.

Nu ești „defect" – ești viu

Este ușor să te simți „anapoda" într-o lume care pare că valorizează controlul, rațiunea și echilibrul mai mult decât adevărul viu al emoțiilor. Când trăirile tale vin cu forță, cu lacrimi, cu noduri în gât sau cu un dor pe care nu-l poți explica, poți ajunge să te întrebi dacă e ceva greșit cu tine.

Poate ți s-a spus că exagerezi. Că dramatizezi. Că ar trebui „să nu te mai lași afectat(ă) atât de tare". Poate te-ai comparat cu alții care par mai „calmi", mai „rezervați", mai „în control". Și ai început să-ți pui la îndoială propriile reacții, propria intensitate, propriul adevăr interior.

Dar hai să-ți spun ceva esențial: să simți intens nu este o greșeală. Este o formă de existență. Este o modalitate pro-fund umană de a fi în lume.

Trăirile nu au nevoie de justificări

Adesea ne judecăm emoțiile în funcție de cât de „logică" sau „justificabilă" este cauza lor. Ne spunem: *Nu ar trebui să mă doară atât de tare, nu e nimic grav*, sau *Alții trec prin lucruri mult mai grele, eu n-am dreptul să mă plâng*. Dar emoțiile nu funcționează pe baza unei ierarhii morale. Durerea nu are nevoie de o diplomă care să-i ateste vali-ditatea.

Faptul că o experiență te atinge profund, chiar dacă altora li se pare „minoră", nu înseamnă că ești slab(ă). Înseamnă că ești deschis(ă), prezent(ă), viu(vie). Iar lumea are nevoie de oameni vii, nu de roboți emoționali care funcționează impecabil, dar pe dinăuntru sunt goi.

Nu există o măsură corectă a trăirii

Există oameni care iubesc cu toată ființa lor. Care plâng când văd un copil zâmbind. Care se pierd într-o piesă muzicală, sau rămân treji nopți în șir gândindu-se la o conversație. Care simt abandonul până în oase, chiar dacă celălalt n-a plecat „decât puțin". Care tresar când aud un ton mai dur, și simt vinovăție sau rușine dintr-o singură privire. Toate astea nu sunt defecte de caracter. Sunt trăsături omenești.

Unii oameni simt totul mai tare. Și nu e ceva ce trebuie „corectat" sau „temperat". Poate că, da, e nevoie de instrumente de reglare emoțională, pentru sănătate și echilibru. Dar nu pentru a *şterge* intensitatea — ci pentru a o conţine cu blândeţe.

Intensitatea ta are un rost

Lumea modernă e zgomotoasă şi grăbită. Mulţi au uitat cum e să stea în linişte cu ei înşişi, cum e să simtă cu adevărat. A simţi intens în această lume este un act de curaj. Înseamnă că nu eşti anesteziat(ă), că nu ai renunţat la ceea ce e uman în tine.

Cei care simt intens aduc adâncime în relaţii. Observă de-talii pe care alţii le scapă. Îi ating pe ceilalţi cu empatia lor. Pot transforma suferinţa în înţelepciune, în creativitate, în vindecare. Intensitatea nu e o povară — e un dar care vine cu un cost, dar şi cu o frumuseţe aparte.

Ce-ar fi dacă n-ai mai lupta cu tine?

Gândeşte-te cum ar fi dacă, în loc să te critici pentru ceea ce simţi, ai învăţa să te asculţi. Să stai lângă tine, cu răbdare, chiar şi în mijlocul furtunii. Cum ar fi dacă ai învăţa să-ţi spui: *E ok să simt ce simt. Nu trebuie să înţeleg tot. Nu trebuie să mă explic nimănui. E ok să fiu om.*

Poate nu vei reuşi să faci asta în fiecare zi. Dar chiar şi doar uneori, să-ţi permiţi să simţi, fără vină, fără ruşine, e o for-mă de eliberare.

Eşti în regulă exact aşa cum eşti

Când simţi prea mult, nu eşti *prea mult*. Eşti doar tu. Un om cu o inimă care bate cu putere, cu emoţii care cer să fie au-zite, cu o viaţă interioară care merită onorată, nu ascunsă.

Asta nu înseamnă că e uşor. Emoţiile intense pot obosi, pot durea, pot crea rupturi. Dar nu eşti singur(ă). Nu eşti ciu-dat(ă). Nu eşti greşit(ă). Eşti, pur şi simplu, uman(ă).

Şi asta, în sine, e o forţă.

> *„Şi a venit ziua în care riscul de a rămâne înmugurit era mai dureros decât riscul de a înflori."*
>
> *— Anaïs Nin*

CAPITOLUL II

Nouă poveşti din terapie

Vreau să-ţi mărturisesc ceva: şi eu simt prea mult uneori.

Chiar dacă sunt psiholog, chiar dacă ştiu „teoria" autoreglării, sunt momente în care emoţiile mă copleşesc — ca o mare care vine brusc, fără să te întrebe dacă ştii să înoţi.

Poate tocmai de aceea am iubit dintotdeauna lucrul cu oamenii care simt intens. M-am regăsit în ei. În durerea lor care nu poate fi „raţionalizată". În ruşinea lor că sunt „prea sensibili". În întrebarea lor dureroasă: *„ Ce e în neregulă cu mine, de nu pot să mă controlez? "*

Acest capitol este o colecţie de 9 poveşti din terapie. Nu sunt poveşti spectaculoase, dar sunt adevărate. Fiecare om de aici m-a atins într-un fel. M-a învăţat ceva despre limite, despre empatie, despre vindecare.

Am schimbat numele şi detaliile ca să protejez intimitatea celor care mi-au încredinţat lumea lor lăuntrică. Dar emo-ţiile sunt autentice. Iar lupta fiecăruia – cu sine, cu trecutul, cu nevoia de a fi acceptat – este cât se poate de reală.

Scriind aceste cazuri, mi-am dat seama de un lucru: nu trebuie să ne vindecăm de sensibilitate. Nu trebuie să fim mai „tari".

Avem doar nevoie să învățăm cum să trăim cu intensitatea noastră fără să ne pierdem în ea.

Te invit să citești cu blândețe. Nu ca pe un ghid. Ci ca pe o mărturisire. A mea. A lor. Poate și a ta.

1. Cazul Ioana

Ioana a învățat devreme că trebuie să fie atentă la ceilalți. Când era mică, mama ei se supăra des. Nu țipa, dar tăcea cu zilele. Iar Ioana devenise expertă în a-i citi chipul. O învățase după cum își ținea lingura în mână, după cum trântea ușa dulapului, dacă era „o zi bună" sau nu.

În clasa a cincea, prietena ei cea mai bună a venit plângând la școală. Tatăl murise. Ioana s-a așezat lângă ea și n-a mai spus nimic. Doar a ținut-o de mână toată ziua. Își aduce aminte că în seara aceea a vomitat. Nu mâncase nimic stricat. A fost doar prea mult.

La 18 ani a avut prima relație. El era haotic, furios, rupt în bucăți. Ea l-a „ținut", cum spune. L-a pansat, l-a ascultat, l-a iubit. Dar într-o zi, el a plecat fără explicație. A lăsat doar un bilet: *„Ești prea bună pentru mine."* Ioana s-a simțit goală. Și vinovată. Nu știa exact pentru ce.

Ani la rând a continuat așa. Oameni care i se plângeau, i se descărcau, o căutau doar când era greu. Și ea — un fel de adăpost emoțional pentru toți. Nimeni n-o întreba: *„ Tu cum ești? "* Poate și pentru că nu știa să răspundă.

Când s-a așezat pentru prima dată în fața mea, nu putea spune ce simte. Dar știa exact ce simțisem eu. M-a întrebat: *„Sunteți cumva tristă? Aveți ochii umezi."*

Şi avea dreptate. Fără să-mi dau seama, o parte din mine chiar fusese atinsă. Nu de altceva, ci de felul în care Ioana era prezentă în lume: fără protecţie, cu pielea sufletului mereu expusă.

Ioana nu simţea doar ce simţeau ceilalţi. Trăia emoţiile lor **în locul lor**. Înainte ca cineva să-şi dea seama că e trist, Ioana deja purta durerea aceea în pieptul ei. Nu era empatie — era un fel de locuire involuntară în suferinţa celuilalt.

Când intră într-o cameră, nu vede culori sau mobilă, ci energia celor prezenţi. Dacă cineva e neliniştit, o simte în stomac. Dacă cineva e furios, o simte în gât. Dacă cineva zâmbeşte fals, Ioana ştie. Şi, fără să vrea, trage aer adânc în piept, ca şi cum ar încerca să respire şi pentru celălalt.

Corpul ei simte pentru alţii ce nu-şi permit ei să simtă. Mintea ei caută explicaţii pentru emoţii care nu-i aparţin. Inima ei plânge uneori fără motiv, dar motivul e mereu în altcineva.

Ioana simte prea mult, pentru că a învăţat că doar aşa e în siguranţă. Dacă anticipezi tristeţea mamei, poate o poţi opri. Dacă porţi furia celuilalt, poate nu te va răni. Dacă te faci suficient de atentă, poate vei fi iubită. Dar când stă singură, în linişte, Ioana se simte ca o casă în care au locuit sute de oameni, dar care n-a fost niciodată locuită de ea. Asta înseamnă, pentru Ioana, să simţi prea mult: Să fii toată pentru ceilalţi, şi nimic pentru tine.

2. Cazul Diana

"Diana este o femeie de 27 de ani care a cerut sfatul unui psihiatru şi a fost trimisă la un psiholog, din cauza fricii intense de a fi separată de mama ei, în vârstă de 70 de ani. Deşi ceilalţi fraţi ai ei s-au mutat de mult, Diana continuă să locuiască împreună cu mama şi nu a luat niciodată în considerare ideea de a trăi în altă parte.

A terminat liceul, facultatea şi chiar un masterat, dar are mari dificultăţi în a-şi găsi un loc de muncă, deoarece amână constant să aplice pentru unul. Iar atunci când reuşeşte, nu se prezintă la interviuri sau, dacă merge, caută orice justificare să nu înceapă. A avut un singur loc de muncă, care a durat o lună.

Când a fost întrebată ce s-a întâmplat, a spus că „nu a putut face faţă stresului de a fi departe de casă jumătate de zi." La serviciu, se gândea constant cât de mult îi lipseşte mama, cât „îşi doreşte să fie lângă ea" sau cât „şi-ar dori să poată lucra împreună." Nu se putea concentra, făcea greşeli frecvente şi simţea mereu nevoia să plângă. Într-o zi, a plecat de la serviciu fără să spună nimic nimănui şi nu s-a mai întors niciodată.

În timpul şcolii, mama ei lucra, ceea ce făcea mai uşoară plecarea din casă, dar Diana o suna tot la fiecare oră. În pauze, nu-şi făcea prieteni, pentru că prefera să vorbească la telefon cu mama. Dacă mama nu răspundea la telefon, Diana începea să tremure şi să plângă, apoi pleca în căutarea ei. A sunat de mai multe ori chiar şi la poliţie ca să ceară ajutorul în găsirea ei.

Recunoaşte că reacţiile ei sunt „iraţionale", dar spune că nu se poate controla. Spune că, atunci când mama e prezentă, se simte „o persoană normală, capabilă”. Însă, dacă sunt separate mai mult de 10–20 de minute, devine anxioasă, agitată, cuprinsă de disperarea de a o suna sau de a se întoarce lângă ea.

Nu a părăsit niciodată orașul. Nici măcar într-o excursie sau vacanță. Când mama era la serviciu și Diana rămânea singură acasă, se simțea bolnavă aproape în fiecare zi — cu greață, dureri de cap, lipsă de energie și palpitații — până când mama revenea.

De la naștere și până în prezent, Diana a dormit în același pat cu mama ei, deși a avut mereu propria cameră.

Când mama a fost intervievată, a spus că Diana a fost mereu așa. Că nici pe vremea când trăia tatăl fetei, Diana nu era apropiată de el. A mai adăugat, cu o privire tristă: *„Îmi doresc să-și poată construi viața ei.”*

Pentru Diana, lumea începea și se termina cu mama ei. Nu la figurat. Ci în sensul cel mai concret, visceral, adânc.” Fiecare despărțire, fie și pentru câteva minute, se simțea ca o pierdere. O teamă greu de pus în cuvinte, dar care îi urla în corp. O neliniște care o făcea să tremure, să plângă, să simtă că nu mai poate respira.

Când era mică, stătea cu ochii la ușă până se întorcea mama de la muncă. Nu se juca, nu mânca, nu vorbea cu nimeni. Doar aștepta.

Acum, la 27 de ani, tot aștepta. Aștepta să se întoarcă din baie. De la magazin. De oriunde. Chiar și absența de 10 minute o făcea să simtă că se prăbușește.

Simţea totul prea mult: dorul, frica, grija, nevoia, dragostea — toate într-un amestec care o topea. Când mama nu răspundea la telefon, Diana simţea că se rupe ceva în ea. Gândurile se învârteau haotic: „Dacă a păţit ceva? Dacă n-o mai văd niciodată?"

A sunat la poliţie de mai multe ori. Nu pentru că mama dispăruse, ci pentru că **ea dispărea din lume** în acele clipe.

Niciodată nu se simţea destul de aproape. Dormea cu ea, mergea peste tot cu ea, vorbeau ore întregi — dar distanţa de câţiva paşi era uneori de nesuportat.

Când era singură, corpul ei începea să cedeze: greaţă, migrene, ameţeli, o moleşeală ciudată. Îi lipsea ceva mai mult decât aerul — îi lipsea siguranţa de a şti că mama e acolo.

„Când e cu mine, sunt întreagă", spunea Diana.

Dar viaţa nu învăţat-o niciodată cum să fie întreagă **şi fără**.

3. Cazul Teodora

Teodora, 21 ani, nu suporta să fie privită. Nu doar din timiditate, ci pentru că simțea că fiecare privire pătrunde prea adânc.

În prezența altora, avea impresia că întreg corpul ei devine scenă: cum stă, cum respiră, dacă roșește, dacă îi tremură mâna, dacă își mișcă gura „ciudat" când vorbește. Nici nu mai auzea ce i se spune. Toată atenția ei era consumată de scenariul din mintea ei — unul plin de rușine, de frică, de gânduri despre cât de greșită trebuie să pară.

Vorbea în șoaptă. Cuvintele parcă se rușinau să iasă din ea. Se uita în jos, mereu, ca și cum ar fi vrut să dispară.

A obosit devreme în viață. De la clasa întâi, ceva în ea s-a închis. Până atunci fusese jucăușă, vorbăreață. Apoi a tăcut. Nu pentru că i s-a întâmplat ceva anume. Ci pentru că, dintr-o dată, lumea a devenit prea mult.

Vedea cum celelalte fete râdeau, se prindeau de mână, își scriau bilețele. Ea stătea la bancă. Cu spatele drept, tăcută. Și-ar fi dorit să fie acolo, între ele. Dar când încerca, rămânea fără cuvinte.

„Când voiam să vorbesc, deveneam monosilabică," a spus cândva.

„Tot ce aveam era tema de acasă. Așa că am vrut măcar să o am perfectă. Și am avut. Dar am urât fiecare notă. Eu nu voiam să fiu premiantă. Voiam doar să am prieteni."

Când o lăudau profesorii că e „cuminte" și „liniștită", ea se simțea strivită. Ar fi vrut să țipe: „Nu, nu sunt liniștită. Sunt singură."

Primul prieten adevărat l-a avut abia în liceu. O fată expansivă, cu multă energie. Teodora o admira și se temea de ea în același timp. Se retrăgea din grupuri, refuza ieșiri, rămânea cu gândurile ei. În public, simțea că fiecare furculiță, fiecare înghițitură o trădează. A urât mereu să mănânce în fața altora.

După un an de facultate, s-a întors acasă. Nu a spus prea multe. Nu a știut să explice. A intrat în cameră și a stat acolo. O săptămână întreagă.

Mama a dus-o la doctor. Ea doar a dat din cap și s-a agățat de mâna ei. N-a vorbit aproape deloc. Și-a jucat cu degetele, a privit podeaua.

„Când sunt singură, mă simt vinovată. Când sunt cu alții, mă simt greșită," a șoptit odată.

Acum nu mai vrea să meargă nicăieri. Nu la muncă, nu la facultate, nu în oraș. Spune că obosește. Că i se face greață de cât de mult trebuie să se controleze.

Teodora simte totul prea tare. Nu la suprafață — ci adânc, dureros, până în nervi, până în respirație.

Pentru alții, o conversație banală e doar atât: banală. Pentru ea, e un test al valorii proprii. Se întreabă dacă vocea ei tremură, dacă a roșit, dacă celălalt a zâmbit pentru că i-a plăcut ce a zis sau pentru că a părut penibilă. Se uită la mâinile ei, la cum stă pe scaun, la forma gurii când pronunță un cuvânt. Nimic nu curge natural — totul e supravegheat dinăuntru cu un microscop dureros.

Teodora nu doar că simte rușinea — o trăiește ca pe o arsură.

Nu doar că simte frica — o simte cu stomacul gol, cu inima accelerată, cu genunchii moi.

Când se află într-un grup, e ca și cum toți ar țipa către ea, deși nimeni nu spune nimic. Nu poate urmări conversația, pentru că e prea ocupată cu haosul dinăuntru.

„Simt că explodez în tăcere," a spus odată. Nu pentru că avea ceva de spus, ci pentru că tot ce era în jur pătrundea în ea fără filtru: priviri, gesturi, zgomote, presupuneri.

Uneori se trezește epuizată după o simplă ieșire de o oră. Nu pentru că s-a întâmplat ceva grav. Ci pentru că a fost acolo — între oameni — iar prezența ei a fost o luptă între să nu se vadă că mi-e frică și să nu creadă că sunt ciudată.

Teodora simte prea mult, dar nu poate exprima nimic. E ca și cum ar avea un ocean în piept, dar i s-ar fi furat vocea.

Așa se trăiește, pentru ea, fiecare zi în care e văzută.

4. Cazul Paul

Paul avea 19 ani și venea dintr-un oraș mic. Era genul tăcut, politicos, cu privirea ușor plecată, mereu atent să nu deranjeze. Nimeni nu l-ar fi descris ca „emoțional" — și poate tocmai de aceea, atunci când frica a venit, a venit brutal, fără avertisment.

Era cinci dimineața. Se pregătea pentru un examen. Nu dormise deloc. Învăța cu ochii împăienjeniți, cafeaua rece lângă el, notițele răvășite. Dintr-o dată, a început să tremure. Inima i-a luat-o razna. Respira greu, ca și cum aerul devenise prea dens. A luat inhalatorul, așteptând să-și revină. Dar n-a trecut.

A început să-i fie greață. Să-i amețească capul. Gândurile i-au luat-o razna: *„O să mor. O să-mi pierd mințile. Ceva nu e în regulă cu mine."*

A ajuns în urgență convins că are o criză de astm severă. Medicii l-au examinat. Toate analizele — normale. Pulsul, oxigenul, tensiunea — totul în parametri.

„Probabil a fost un atac de panică," i-au spus. Paul i-a privit neîncrezător. Nu era panică. Era real. A simțit tot. Fiecare bătaie haotică a inimii. Fiecare gând că va muri acolo, singur.

După acea zi, n-a mai fost la fel. A început să evite amfiteatrul — prea plin, prea aglomerat, prea posibil să i se facă rău iar. Mergea doar la cursurile mici, unde știa exact unde e ieșirea. Ieșea rar din cămin. Își suna mama ca să stea cu el în apel, „doar în caz că..."

Când a început să se trezească noaptea în același fel — cu tremurături, lipsă de aer, o frică viscerală că moare — a înțeles că nu poate fugi. Dar nici nu voia să se ducă la psiholog. Nu pentru că nu credea în terapie, ci pentru că se simțea rușinat. Ca și cum frica lui nu era „demnă" de ajutor.

A început să doarmă cu lumina aprinsă. Cu muzică în căști. Colegul lui de cameră, prieten din copilărie, i-a spus: *„ Ori te ajuți, ori plec din cameră."*

Atunci a cedat. Nu din voință. Ci dintr-o nevoie de a nu pierde singura persoană care nu-l judecase încă.

Paul simte prea mult. Dar nu emoții clare, recog-noscibile. El simte frica în carne. Panica în oase. Moartea în fiecare bătaie de inimă accelerată.

Pentru el, a simți prea mult înseamnă că trupul devine un prizonier al gândurilor. Că mintea face ce vrea cu el. Și că, în lipsa unei explicații medicale, rămâne cu una și mai grea: *„ Ceva e în neregulă cu mine."*

Paul nu simte doar emoții. El le trăiește cu trupul, ca și cum fiecare gând prinde carne.

Pentru unii, stresul e o agitație trecătoare. Pentru el, e o furtună care-i cuprinde pieptul, gâtul, stomacul. Când se te-me, nu gândește: „Mi-e teamă."

Simte: inima zvâcnind, mâinile tremurând, aerul devenind greu, gândurile învârtindu-se ca un vârtej care nu mai poate fi oprit.

Simte prea mult pentru că nu știe cum să se oprească. Fiecare „ce-ar fi dacă" îl lovește în plex. Fiecare clipă de nesiguranță se transformă într-un diagnostic imaginar.

Mintea lui e plină de alarme false, dar corpul nu știe că-s false. Așa că răspunde ca și cum ar fi în pericol real.

Pentru Paul, a simți prea mult înseamnă că orice bătaie mai rapidă a inimii devine o amenințare.

Că fiecare amețeală devine o profeție sumbră.

Că nu mai există spațiu între frică și moarte — e o linie directă.

Nimeni nu vede cât de greu îi este. Nu are răni vizibile. Nu are febră. Doar o inimă care bate prea tare, un piept care nu se mai destinde și o minte care îi spune, din nou și din nou: „O să pățești ceva. Nu ești bine. O să mori. O să o iei razna.”

Paul simte prea mult, și pentru el, asta nu e un dar.

E o povară tăcută care îi invadează viața, somnul, libertatea.

Nu se teme doar că va muri — se teme că nimeni nu înțelege cât de real se simte tot ce trăiește.

5. Cazul Izabela

Izabela, 18 ani, este o tânără foarte inteligentă, extrem de conştiincioasă. Învaţă pentru admiterea la medicină încă din clasa a zecea şi este, de obicei, foarte preocupată de tot ce ţine de şcoală şi de viitorul ei.

Când a început vara dinaintea clasei a douăsprezecea, în urmă cu aproximativ opt luni, Izabela a spus că i s-a întâmplat ceva şi „viaţa ei a devenit un coşmar.” Totul a început în prima noapte de vacanţă de vară, când nu reuşea să adoarmă, se foia în pat şi se îngrijora constant în legătură cu viitorul.

Deşi plănuise o vară minunată, era îngrijorată că va fi nevoită să îşi anuleze planurile cu familia, iubitul şi prietenii pentru a avea mai mult timp de studiu. În zilele următoare s-a închis în cameră, încercând să-şi facă un plan de învăţare, să pună bileţele cu sarcini pe pereţi, să comande cărţi online şi să citească forumuri despre examenele care urmau vara viitoare. În acele zile abia mânca, refuza să iasă din casă şi stătea până târziu, copleşită de griji legate de viitor.

Părinţii şi cei apropiaţi au devenit îngrijoraţi de schimbarea bruscă a Izabelei. Au convins-o că poate să studieze şi să se relaxeze în acelaşi timp şi că va reuşi în ceea ce îşi propune. Izabela spune că după acel episod nu s-a mai izolat, dar frica de viitor a rămas.

„Nu m-am bucurat de nimic. Eram mereu îngrijorată, nu puteam să mă relaxez şi plângeam mult când eram singură”, a spus ea.

Odată cu începerea clasei a douăsprezecea, starea ei s-a deteriorat și mai mult. Lupta interioară nu putea fi descrisă mai bine decât prin propriile ei cuvinte:

„Mă gândeam că, odată ce începe școala, o să-mi organizez programul perfect, ca să nu mai am motive să mă îngrijorez că nu învăț destul. Dar pur și simplu n-am putut să mă opresc. Ba chiar au apărut și alte frici: acum că iubitul meu e la facultate într-un alt oraș, dacă mă va părăsi? Dacă voi intra la medicină și n-o să fac față să fiu singură, departe de casă? De fiecare dată când le scriu prietenilor, mă gândesc: dacă nu-mi mai răspund? Dacă nu vor mai fi prietenii mei? Dacă părinții mei nu mă vor mai iubi acum, că am 18 ani? Știu că nu sunt pe deplin adult, dar mi-e atât de frică... Am început să țip la părinți, la iubitul meu. Sunt atât de obosită. Nu mă mai pot concentra la școală, nu mai pot învăța cum o făceam înainte, mi-au scăzut notele. Nu mai pot dormi nici măcar în weekenduri. "

Izabela a acceptat sugestia părinților de a merge la un psihiatru. Medicul i-a recomandat consiliere psihologică și a insistat să urmeze și un tratament medicamentos, avertizând că altfel iritabilitatea, insomnia și tensiunea ei se vor agrava și îi vor pune în pericol planurile de viitor.

Izabela simte prea mult și nu știe unde să pună toate acele trăiri. Nu e vorba doar de emoții. Ci de gânduri care nu se opresc niciodată, de frici care se ramifică, se multiplică, se adâncesc.

Ea nu are doar griji. Are un **monolog intern continuu**, care o întreabă, o judecă, o compară, o presează. „Dacă nu reușesc? Dacă pierd tot? Dacă toți mă uită? Dacă nu sunt suficientă?"

Nu poate opri aceste gânduri. Nici în vacanță, nici în somn. Nici măcar în momentele frumoase — pentru că și acelea vin cu frica că se vor termina prea repede.

Izabela simte viitorul ca pe o povară grea, pe care o duce singură pe umeri, chiar și atunci când toți ceilalți spun: „Ai timp, o să fie bine."

Când se uită la prietenii ei, își dorește să râdă la fel de ușor. Dar în ea, nimic nu mai e ușor. Totul e calculat, analizat, resimțit în exces. O simplă schimbare de ton din partea cuiva apropiat o poate răscoli ore întregi. O tăcere prea lungă într-un mesaj o face să creadă că a pierdut pe cineva.

Când obosește, nu poate doar să doarmă. Pentru că în mintea ei, oboseala e periculoasă: înseamnă că poate rata ceva, că poate da greș. Când plânge, nu e doar o eliberare — e și vinovăție că pierde timp.

Izabela simte prea mult pentru că lumea nu-i pare sigură. Nici ea însăși nu-i pare sigură. Totul e o ecuație complicată, în care greșelile se plătesc cu vină, cu teamă, cu abandon.

Pentru ea, a simți prea mult înseamnă că nu poate fi aici și acum, pentru că e mereu dincolo, în tot ce s-ar putea întâmpla. Simte viitorul ca pe un monstru, și prezentul ca pe o cursă de obstacole.

Izabela fuge eratic de emoțiile ei. Dar ele n-o iartă niciodată. Le simte toate, tot timpul. Și nu știe cum să le oprească fără să se oprească și pe ea.

6. Cazul Alin

Alin, 23 ani, a suferit o pierdere semnificativă în urmă cu aproximativ trei ani, când bunica care l-a crescut a murit brusc. Era foarte apropiat de ea — fusese persoana cea mai dragă din familie. Își amintește cum l-a tratat mereu cu grijă și afecțiune, din copilărie până în adolescență.

Părinții lui au fost întotdeauna rigizi și severi, dar bunica îl proteja, îl răsfăța cu măsură și, în același timp, îl învăța valori bune și maniere.

Alin spune că se aștepta ca acel moment să vină, având în vedere că bunica avea 82 de ani. Totuși, moartea ei a luat familia prin surprindere, deoarece nu prezentase niciun semn de boală. Chiar și la vârsta aceea, era activă — muncea toată ziua în curte, gătea, făcea curățenie și nu se plângea niciodată de dureri sau de vreo stare de rău.

Totul s-a întâmplat brusc: a suferit un infarct și nu a supraviețuit.

Un prieten l-a îndrumat pe Alin să caute consiliere psihologică, pentru că, de la moartea bunicii, trăiește cu o teamă constantă legată de propria moarte. De atunci, a început să creadă că oricine, inclusiv el, poate muri în orice moment.

Când a fost întrebat dacă are vreo afecțiune medicală, a răspuns că nu știe, pentru că este îngrozit să meargă la vreun medic. Îl sperie gândul că ar putea descoperi ceva grav.

Întrebat cum face față acestor temeri, a spus: „*De fiecare dată când simt ceva în corp, scriu simptomele în motorul de căutare, dar apoi închid pagina imediat, pentru că nici nu pot citi ce apare acolo — oricum, orice simptom înseamnă cancer.”*

Alin a menționat că face asta de peste cincisprezece ori pe zi.

Se cântărește zilnic, de teamă că pierderea în greutate ar putea fi semn de boală. *„Chiar și când stau prea mult la calculator și mă dor mușchii sau oasele — știu că e normal, dar tot mă gândesc la cancer,”* a adăugat.

Spune că este atât de conștient de *„fiecare centimetru”* al corpului său și de cum se simte *„în fiecare clipă”*, încât nu se mai poate concentra la activitățile zilnice și ajunge epuizat.

Evită să ia orice fel de medicamente, de teamă că i-ar putea face rău, iar vizitele la doctor *„nici nu intră în discuție.”*

De când a murit bunica, Alin n-a mai avut liniște. Nu în minte. Nu în corp. Nu în nicio zi care a urmat.

Era singura persoană care îl vedea cu adevărat. Părinții lui fuseseră mereu duri, neclintiți, dar ea... ea îi vorbea încet, îl atingea pe umăr când plângea, îi punea supa preferată fără să-l întrebe, îi acoperea greșelile și îi spunea: „Ești un băiat bun.”

Avea 82 de ani, dar era mai vie decât toți ceilalți. Gătea, curăța, râdea din tot sufletul. Nu se plângea niciodată de nimic. Și apoi, într-o zi, a căzut. Și n-a mai fost.

Alin spune că se aștepta. Dar în el, ceva s-a prăbușit.

De atunci, trăiește cu convingerea că oricine poate muri în orice clipă. Inclusiv el. Mai ales el.

Simte totul. Prea intens. Un junghi mic în piept devine infarct. O ușoară amețeală e semn de tumoare. Dacă pierde puțin în greutate, se uită la cântar ca la o sentință.

Intră pe internet, scrie simptomele, dar nici nu apucă să citească ce apare. Închide pagina. Îi e frică. Frică de cuvinte. De diagnostice. De răspunsuri.

Își simte corpul în fiecare clipă. Prea mult. Fiecare puls, fiecare mușchi încordat, fiecare durere banală e o amenințare. Nu mai poate trăi fără să se monitorizeze.

Știe că e obosit. Că nu mai gândește clar. Că s-a retras din lume. Dar nu poate altfel. Pentru că în mintea lui, orice moment de neatenție poate fi fatal.

Alin simte prea mult. Nu doar frică. Ci prezența obsesivă a propriei mortalități.

Corpul lui a devenit un câmp de luptă. Iar el — un paznic care nu doarme niciodată, de teamă că, dacă închide ochii, nu se va mai trezi.

7. Cazul Rebeca

În martie 2020, pandemia de COVID-19 a izbucnit și sănătatea psihologică a multor oameni a avut de suferit. Nu a fost și cazul Rebecăi — cel puțin, nu la început. Abia câteva luni mai târziu, în jurul lunii august, după o excursie cu cortul alături de prieteni, a început să se simtă anxioasă și să se gândească: *„Dacă ieșirea mea imprudentă i-a pus în pericol pe cei de acasă?"* Se referea la posibilitatea de a se fi infectat și de a fi transmis virusul familiei.

„Mama are probleme de sănătate și viața ei putea fi pusă în pericol din cauza acelei ieșiri," spunea. *„Dacă nu mergeam în acea excursie, totul ar fi fost bine acum, nu aș fi avut aceste probleme. Înainte eram bine."*

Treptat, Rebeca a devenit extrem de precaută în privința igienei și a măsurilor de prevenție împotriva infectării. *„Ajungeam mereu târziu peste tot pentru că nu mă simțeam suficient de curată, deși mă spălam și uneori petreceam o oră doar curățându-mi mâinile."*

„Prima mea 'compulsie serioasă' s-a întâmplat după o programare la doctor. Am ajuns acasă și m-am spălat pe tot corpul, fiecare centimetru, timp de două ore. Nu mă puteam opri!"

După acel episod, starea ei mentală s-a degradat rapid, iar frica și anxietatea au crescut atât de mult încât a încetat să mai mănânce.

„Gătitul și coptul au fost mereu pasiunea mea, dar am început să fiu îngrozită de contaminare și mi-era teamă că nu mai pot găti corect nimic, mai ales carnea. Trebuia să-mi spăl mâinile de nenumărate ori când o atingeam. Așa că am încetat să mai gătesc și, în final, am încetat să mai

mănânc. Cred că abia dacă mai mâncam o dată pe zi, doar ca să am ceva în stomac. Am slăbit 10 kilograme."

Frica extremă de contaminare a făcut-o să se izoleze complet de toată lumea, cu excepția mamei și a surorii, timp de aproape trei luni. Singurele dăți când ieșea din casă erau pentru a plimba câinele, iar apoi se spăla pe mâini, pe corp și își schimba hainele.

Relația cu familia s-a tensionat: petrecea ore întregi în baie și le cerea celor din casă să se spele pe mâini, să-și schimbe hainele și să facă duș imediat ce intrau în casă. Cei apropiați erau îngrijorați și încercau să o sprijine, dar nivelul ei de funcționare devenise extrem de scăzut.

Îi era teamă să iasă din cameră. Și-a petrecut ziua de naștere acasă, deși obișnuia să organizeze mereu ceva cu prietenii apropiați. Îi era prea frică să aplice pentru un loc de muncă.

În cele din urmă, nivelul suferinței ei a scăzut considerabil după ce a primit dozele de vaccin, însă obsesiile și compulsiile s-au mutat către o altă temă, care nu va fi abordată în această secțiune.

Rebeca simte grijă până când devine panică. Simte responsabilitate până când devine povară. Simte pericol acolo unde alții văd doar rutină.

Nu a început cu o traumă vizibilă. A început cu o întrebare, în tăcere: „Dacă i-am îmbolnăvit eu pe ai mei?" O singură întrebare care s-a transformat, încet-încet, într-o mie.

În loc să doarmă, se gândea la scenarii. În loc să se bucure de o masă cu cei dragi, își simțea mâinile murdare. În loc să meargă undeva liniștită, rămânea în baie, spălându-se obsesiv, până când pielea îi ardea.

Rebeca simte prea mult. Simte fiecare urmă de praf, fiecare posibilă bacterie, fiecare „ce-ar fi dacă". Nu mai e un simplu gând. Devine senzație. Un nod în stomac. O apăsare în piept. O nevoie urgentă de a curăța, de a repeta, de a preveni.

Când vede carnea crudă, nu vede doar ingredientul. Vede pericolul. Vede boala. Vede vina. Atinge, se spală, atinge din nou, se spală din nou, până când nu mai poate mânca nimic. Până când uită ce înseamnă să iubești gătitul.

A trăit luni de zile în propriul corp ca într-un laborator. Totul trebuia verificat, controlat, dezinfectat. Dar sufletul? Sufletul ei devenea din ce în ce mai obosit.

Rebeca simte prea mult, pentru că nu știe unde se termină grija firească și unde începe frica care distruge. Nu poate face diferența între protecție și prizonierat.

Așa arată viața când simți prea mult: tot ce atingi, iubești sau respiri devine o potențială amenințare. Iar tu, în loc să trăiești, te aperi. Fără pauză.

8. Cazul Sonia

Sonia, în vârstă de 50 ani, a apelat la servicii psihologice la recomandarea nepoatei sale, care este psihiatru. S-a plâns de dificultăți de somn, fluctuații ale apetitului și probleme de concentrare atât la muncă, cât și acasă, din cauza amintirilor tulburătoare. Când a rostit cuvântul „amintiri", a izbucnit brusc în plâns.

Întrebată „ce fel de amintiri", Sonia s-a tulburat vizibil, a cerut șervețele și apă. După aproximativ cinci minute, a început să vorbească despre mama ei și relația tensionată pe care a avut-o cu aceasta, despre cât de mult stres i-a provocat. A continuat să plângă, povestind cum mama ei i-a distrus viața și cum nu s-a simțit niciodată iubită de ea. A spus cu durere: *„Ea mi l-a omorât pe tata."*

A urmat o poveste din copilărie. *„Îl adoram pe tata când eram mică, dar părinții mei nu se înțelegeau și mama l-a dat afară din casă. A ajuns pe străzi. Era distrus și a început să bea. După un timp, am aflat că fusese diagnosticat cu schizofrenie, dar nici măcar nu știu dacă era adevărat — familia repeta mereu că era internat, externat, iar internat la psihiatrie."*

„Într-o zi coloram pe balcon când a bătut la ușă. Eram atât de fericită, nu-l mai văzusem de doi ani. Dar mama nu m-a lăsat să vorbesc cu el. A țipat la mine să merg în cameră. Se pare că au vorbit vreo jumătate de oră. L-am auzit cerând să mă vadă, dar ea n-a vrut. A fost ultima dată când i-am auzit vocea. Trei săptămâni mai târziu, mama și mătușa m-au chemat în sufragerie și mi-au citit o scrisoare: tatăl meu murise. Fusese găsit în pădure, spânzurat. N-am putut plânge. N-am spus nimic. Tot ce

voiam era să fiu singură și să-mi imaginez că nu s-a întâmplat niciodată."

Sonia a spus că acea amintire este încă vie, clară, în mintea ei.

A descris grija pe care i-o purta mama în copilărie ca pe „un iad viu". A continuat să povestească despre o relație marcată de severitate, lipsă de afecțiune și critică constantă. Mama îi repeta că nu e suficient de bună, că e ceva în neregulă cu ea.

La 17 ani, Sonia a fugit de acasă și s-a mutat la cea mai bună prietenă. Câteva luni mai târziu, l-a cunoscut pe bărbatul care avea să-i devină soț. A vorbit despre el zâmbind printre lacrimi, recunoscătoare că a ajutat-o să aibă o viață mai bună.

Primul lor copil s-a născut mort, ceea ce a dus-o într-un episod depresiv profund. Nu a cerut ajutor medical atunci. Spune că și-a revenit abia când a rămas însărcinată cu fiul pe care îl are acum.

Cu câțiva ani în urmă, Sonia și-a pierdut cea mai bună prietenă din copilărie, răpusă de cancer chiar în ziua de Crăciun.

În prezent, Sonia are episoade zilnice de flashback-uri însoțite de plâns necontrolat, hiperventilație, dureri puternice în piept, uneori paralizie parțială a mâinilor, și trăiri atât de intense încât are impresia că retrăiește totul din trecut. Când aceste episoade o prind în preajma altor persoane, fie acasă, fie la serviciu, spune că îngheață și nu poate vorbi cu nimeni.

A fost dusă de câteva ori la urgență, dar neurologii și cardiologii nu au identificat nicio cauză fizică. Sonia are coşmaruri frecvente şi se trezeşte ţipând, transpirată, dezorientată.

Simte o vinovăţie apăsătoare că *„nu l-a salvat pe tata de mama"* şi e convinsă că sănătatea mintală a fiului ei e fragilă din cauza ei.

Evită să vorbească despre ce i s-a întâmplat pentru că suferinţa devine prea greu de dus. A menţionat că a încercat psihoterapia de mai multe ori, dar de fiecare dată a renunţat imediat ce şi-a spus povestea.

Sonia se descrie ca fiind „o persoană nocivă" pentru cei din jur. Argumentul ei e simplu: „Le transmit durerea şi gândurile mele negre celor din familie, prietenilor, colegilor." Nu vrea ajutor de la nimeni, pentru că, spune ea, „i-aş trage şi pe ei în iadul meu."

Cel mai puternic declanşator rămâne mama ei. *„ Chiar dacă o iubesc, mă face să-mi amintesc tot ce e greşit cu mine. Când îmi scrie, mă doare corpul, la propriu. Ştiu că sunt o femeie adultă, dar când mă gândesc la ea sau trebuie s-o vizitez, încep să plâng, să ţip, să mă lovesc singură sau să izbesc lucruri, pentru că pur şi simplu doare."*

Sonia nu trăieşte doar cu amintiri. Trăieşte în ele. Cu fiecare sunet, miros, cuvânt rostit — e ca şi cum s-ar întoarce acolo. În sufrageria în care i s-a citit scrisoarea. În camera în care nu i s-a dat voie să-şi vadă tatăl. În locul unde nu a plâns, dar s-a rupt pe dinăuntru.

Pentru Sonia, a simţi prea mult nu înseamnă doar o emoţie intensă. Înseamnă **o durere care nu a avut voie să fie trăită**

la timp, și care acum iese cu forța unui cutremur — oriunde, oricând.

Plânge uneori fără să știe de ce. Alteori, doare corpul. Nu metaforic. Chiar fizic: pieptul, mâinile, gâtul. Ca și cum durerea nu mai încape în suflet și se varsă în carne.

Trăiește episoade în care lumea devine neclară. Oamenii vorbesc, dar ea nu-i mai aude. Îngheață. Se pierde. Se duce înapoi. Într-o altă epocă, într-un alt corp, cel mic, neputincios, care nu era ascultat, nici protejat.

Sonia simte prea mult — și pentru ea, asta înseamnă că uneori nu mai știe unde e. Între trecut și prezent, granițele se topesc.

Are vinovății pe care nu le poate spăla. Are gânduri care o sufocă. Are o iubire complicată față de o mamă care a rănit-o, dar căreia încă îi spune „te iubesc" printre țipete și lacrimi.

Ea nu vrea să-i doară pe ceilalți. Așa că își retrage suferința în tăcere. Se ascunde cu totul în sine, sperând că, dacă nu vorbește despre durere, n-o va mai răni pe nimeni. Dar înăuntrul ei, durerea fierbe.

A simți prea mult, pentru Sonia, înseamnă a simți tot ce nu i s-a dat voie să simtă când era copil.

Toată furia nerostită. Toată iubirea neîmpărtășită. Tot do-liul neplâns.

Durerea ei nu are loc într-un jurnal sau într-o ședință. Durerea ei umple încăperi. Și tot ce își dorește, chiar dacă nu o spune, e un loc sigur în care să nu mai fie singură cu toate acestea.

9. Cazul Tina

Tina a început psihoterapia după ce diriginta a informat părinții că prezența la cursuri și notele ei au scăzut semnificativ. La început, a refuzat să coopereze cu adulții implicați în cazul ei, dar a acceptat după mai multe asigurări că nu va fi pedepsită.

A povestit cum, cu câteva luni în urmă, un coleg de clasă a numit-o „grasă" și i-a spus, cu ton nervos, că ar trebui să meargă la sală. S-a întâmplat în timpul orei de sport, după ce amândoi au căzut într-un joc cu mingea, iar ea a căzut accidental peste el. În timp ce încerca să se ridice, colegele ei au râs și i-au spus că ar trebui să ia în serios sugestia băiatului.

Tina s-a dus acasă și s-a uitat în oglindă. Repeta în minte cuvintele colegului și râsetele fetelor. Nu se gândise niciodată până atunci că ar fi ceva în neregulă cu corpul ei. Dar viața ei s-a schimbat după acel moment.

A început să-și verifice corpul în oglindă de zeci de ori pe zi, în special picioarele și abdomenul. Își întreba frecvent prietenii, sora și mama dacă picioarele sau abdomenul li se par prea mari. Proba hainele surorii de mai multe ori pe zi și plângea pentru că nu îi veneau. După fiecare masă, se uita din nou în oglindă să vadă dacă picioarele i se modificaseră.

Tina a încetat să mai iasă cu prietenii, de teamă că ceilalți vor comenta despre corpul ei. Mergea la școală doar îmbrăcată în haine foarte largi, ca să nu i se vadă silueta. Când mergea pe stradă, alegea doar drumuri cu vitrine sau clădiri cu ferestre, ca să-și poată vedea reflexia în mers și să-și verifice picioarele.

În fiecare dimineață, după ce deschidea ochii, fugea la oglindă să vadă dacă mai are „spațiu între coapse”.

„În timpul orelor, chiar și în timpul testelor, mă gân-deam doar la cât spațiu ocupă fundul meu pe scaun și cât de mare par din toate unghiurile pentru ceilalți colegi. Nu mă puteam concentra, nu eram prezentă deloc”, a spus ea.

„Mă întrebam ce rost are să fiu la școală cu toată anxietatea asta și notele astea. Așa că preferam să stau în baia școlii și să-mi măsor coapsele și burta sau să merg la mall și să verific fiecare magazin care are oglinzi. Nu știu dacă sunt nebună sau nu, dar nu mă pot opri.”

Tina a spus că s-a gândit la sinucidere, dar nu a încercat să-și facă rău pentru că ține la familia ei. Când a fost întrebată de ce s-a gândit la moarte, a răspuns că ar fi o eliberare din corpul ei.

Întrebată despre alimentație, sport sau percepția greutății corporale, Tina a spus că nu a încercat niciodată să se înfometeze sau să elimine mâncarea pentru a-și schimba corpul. Nu-i place să aibă stomacul gol și nu vrea să refuze mâncarea gătită de părinți, gândindu-se și la copiii săraci care nu au ce mânca. Cu excepția mersului pe jos, detestă sportul.

„Nu înțeleg, nu cântăresc mult, nu-mi pasă de greutate, totul pare normal, dar corpul meu nu e normal. Sau cel puțin, nu *se simte* normal.”

Părinții Tinei au fost șocați de ceea ce se întâmplase cu fiica lor adolescentă. Mama a mărturisit că observase schimbări în comportamentul ei, dar nu a luat niciodată în serios întrebările legate de corp, considerând că sunt doar parte din adolescență.

Tina simte privirile ca pe niște ace. Chiar și atunci când nu e privită. Chiar și atunci când e singură.

A simți prea mult, pentru Tina, înseamnă că fiecare colț al corpului ei e sub lupă. O lupă invizibilă, dar necruțătoare, ținută în mâinile ei, în mintea ei, în amintirea acelui moment când au râs.

Un singur cuvânt — „grasă" — a fost suficient să-i schimbe întreaga lume. A deschis în ea o rană care nu sângerează, dar doare zi de zi, oglindă după oglindă, reflexie după reflexie.

Simte rușinea în piele. În felul în care își trage bluza largă. În cum își lipește coapsele una de alta ca să le ascundă. În felul în care își ține respirația în timpul orei, ca să nu „pară prea mare".

Tina nu vede un corp. Tina vede o problemă. O formă care n-ar trebui să fie așa. O imagine care nu corespunde.

Și chiar dacă toți îi spun că nu e nimic în neregulă cu ea, ea simte altfel. Simte că e greșită. Că ocupă prea mult spațiu. Că nu ar trebui să existe în forma în care este.

Pentru Tina, a simți prea mult înseamnă să trăiești captivă într-un corp pe care îl vezi deformându-se cu fiecare masă, cu fiecare mișcare, cu fiecare tăcere a celorlalți care ar putea gândi ceva urât.

Nu vrea să moară. Dar vrea să scape. Să scape de senzația că e mereu „prea mult". Să scape de frica de a fi văzută. Să scape de ea.

Și până va învăța să trăiască cu sine, Tina continuă să se măsoare, să se compare, să se îndoiască. Nu pentru că e superficială. Ci pentru că rana nu e în carne. E în felul în care simte.

Acești oameni nu au cerut să simtă atât. Nu s-au trezit într-o dimineață alegând să le fie frică, rușine, dor sau vină. Niciunul nu a vrut să trăiască cu inima deschisă până la carne, cu mintea în alertă continuă, cu sufletul obosit de atâtea valuri de emoții. Și totuși, au trăit așa. Unii au tăcut ani la rând, învățând să zâmbească frumos și să nu deranjeze. Alții au strigat în tăcere, cu trupul, cu visele, cu simptomele pe care nimeni nu le înțelegea. Unii s-au temut că vor muri. Alții că nu vor fi iubiți. Toți — că sunt „prea mult". Dar nu există „prea mult" într-o inimă care simte. Există doar emoții care nu și-au găsit locul, cuvintele sau sprijinul de care aveau nevoie.

Acești oameni nu sunt „slabi", „complicați" sau „imposibili". Sunt sensibili. Sunt fragili și puternici în același timp. Sunt oameni care aud mai tare, văd mai profund și trăiesc totul cu o intensitate care uneori doare. Dar din aceeași intensitate se nasc și empatia, creativitatea, intuiția, tandrețea.

Capitolul acesta nu este despre suferință, ci despre umanitate. Despre adevărul nerostit că, în spatele multor funcții, roluri și aparențe, sunt oameni care simt. Mult. Mai mult decât par. Mai mult decât pot duce uneori.

Iar vindecarea nu înseamnă să simți mai puțin. Ci să înveți să stai cu tine, cu tot ce ești, fără să te judeci, fără să fugi, fără să te rușinezi sau chiar dacă te rușinezi.

Aceasta este calea autoreglării emoționale: nu să reduci volumul inimii, ci să înveți să o asculți fără frică.

Și dacă te-ai regăsit în vreuna dintre aceste povești, vreau să-ți spun doar atât: **Nu ești singur(ă). Și nu ești prea mult. Ești exact așa cum trebuie să fii.**

CAPITOLUL III

Tehnici corporale de reglare a emoţiilor

După ce am păşit împreună prin lumea celor care simt prea mult, poate simţi şi tu nevoia să respiri puţin. Să-ţi aşezi mâna pe piept şi să simţi bătaia inimii tale. Eşti aici. Încă eşti aici.

Poveştile din capitolul anterior nu sunt doar poveşti. Sunt oglinzi. Sunt amintiri. Sunt fragmente din ceea ce şi tu, poate, ai trăit — în tăcere, în ruşine, în durere sau în singurătate.

Dar acum vine o altă etapă. Nu una care să „repare" ce este greşit — pentru că nu eşti greşit. Ci una care să te ajute să stai cu tine, cu emoţiile tale, cu corpul tău, într-un mod nou.

Corpul este prima noastră casă emoţională. Acolo locuiesc fricile, tensiunile, furiile, ruşinea, dorul, dar şi calmul, liniştea, împământarea.

În Capitolul III, vei învăţa cum să lucrezi cu această casă. Cum să o asculţi. Cum să o ajuţi să se regleze. Nu prin forţă. Nu prin raţiune. Ci prin prezenţă. Prin respiraţie. Prin mişcare. Prin blândeţe.

Te invit mai departe — să trecem din poveste în practică, din suferinţă în reconectare.

Pentru că fiecare inimă care simte prea mult are şi un trup care ştie, în tăcere, cum să se vindece. Trebuie doar să-i dai voie.

În fiecare zi, corpul nostru face eforturi să mențină un echilibru între starea de alertă și cea de relaxare. Acest proces poartă numele de autoreglare a sistemului nervos autonom. Este mecanismul prin care organismul decide dacă trebuie să „se pregătească de luptă" sau „să se odihnească și să se refacă".

Ce este sistemul nervos autonom?

Sistemul nervos autonom (SNA) are două ramuri prin-cipale:

• **Ramura simpatică,** care ne activează în situații de stres sau pericol – de aici expresia „luptă sau fugi". Crește ritmul cardiac, tensiunea arterială și nivelul hormonilor de stres.

• **Ramura parasimpatică,** care ne calmează după ce pericolul a trecut – „odihnă și digestie". Încetinește pulsul, susține digestia și ajută la refacerea energiei.

• Un organism sănătos alternează între aceste două stări, în funcție de context. Dar ce se întâmplă când trăim într-un stres continuu?

Când stresul devine cronic...

Dacă sistemul nervos simpatic rămâne activat prea mult timp – din cauza stresului la muncă, problemelor personale, lipsei de somn sau expunerii constante la stimuli – corpul rămâne blocat în starea de alertă. Acest dezechilibru poate duce la:

• Anxietate și epuizare

• Probleme digestive

• Tulburări de somn

• Scăderea imunității

• Dificultăți de concentrare

Vestea bună? Corpul are capacitatea de a se regla singur – dar uneori are nevoie de un mic ajutor. Iar aici intervin tehnicile validate științific care sprijină activarea ramurii parasimpatice.

Respirația controlată

Respirația cu practică lentă și profundă este una dintre cele mai accesibile metode de reglare autonomă. Aceasta stimulează nervul vag – componenta principală a ramurii parasimpatice – și crește variabilitatea ritmului cardiac (HRV), un indicator al flexibilității fiziologice și al capacității de adaptare la stres *(Lehrer & Gevirtz, 2014)*. Exerciții precum respirația 4-7-8 sau respirația dia-fragmatică contribuie la reducerea activării simpatice și la inducerea unei stări de calm fiziologic *(Zaccaro et al., 2018)*.

a. Ce este respirația 4-7-8?

Respirația **4-7-8** este o tehnică simplă de respirație conștientă, folosită pentru calmarea sistemului nervos, reducerea anxietății și inducerea unei stări de relaxare profundă. A fost popularizată de dr. Andrew Weil, un cunoscut expert în medicină integrativă, și are la bază principii din practici yoghine de control al respirației (pranayama).

Cum se face respirația 4-7-8 (pas cu pas):

1. **Stai într-o poziție confortabilă,** cu spatele drept și umerii relaxați. Poți închide ochii dacă te ajută să te concentrezi.

2. **Inspiră pe nas timp de 4 secunde**, încercând să tragi aer adânc în burtă (nu doar în piept).

3. **Ține-ți respirația timp de 7 secunde.** E important să rămâi calm – nu forța.

4. Expiră lent pe gură timp de 8 secunde. Poți scoa-te un sunet ușor, ca un oftat lung.

• Repetă ciclul de **4-5 ori**, mai ales la început.

b. Pentru somn: respiraţia 4-16-8

Este o tehnică de respirație lentă și ritmată, care **calmează sistemul nervos**, reduce tensiunea psihică și te ajută să intri mai ușor într-o stare de somn odihnitor. Este o variantă avansată a respirației 4-7-8, cu un accent și mai mare pe reținerea aerului – ceea ce adâncește relaxarea.

Cum se face respiraţia 4-16-8 (pas cu pas):

• Inspiră pe nas timp de 4 secunde. Umple plămânii lent, fără forțare.

• Ține-ți respirația timp de 16 secunde. Rămâi calm și relaxat, fără tensiune în corp.

• Expiră lent pe gură timp de 8 secunde. Golește com-plet plămânii, într-un ritm domol.

• Repetă de 3–5 ori, ideal înainte de culcare sau când simți că mintca nu se poate liniști.

De ce funcţionează pentru somn:

• **Ținerea respirației 16 secunde** ajută la scăderea nivelului de oxigen și la activarea reflexă a sistemului parasimpatic (care induce relaxarea profundă).

Expirația prelungită (8 secunde) reduce activitatea sim-patică (de alertă), inducând o stare fiziologică de siguranță.

Este deosebit de utilă pentru persoanele care suferă de **gânduri accelerate înainte de somn** sau de **treziri frecvente**.

c. O simplă tehnică mindfulness pentru reducerea conţinutului cognitiv:

În timp ce îţi urmăreşti cursul natural al respiraţiei, ascultă sunetele din jur. Încearcă să te concentrezi pe stimulii auditiv şi reflexele respiraţiei tale simultan. Vei observa cum mintea "se va goli", iar în aproximativ zece minute vei obţine o stare de calm, de relaxare. Poţi practica şi mai mult timp de zece minute. La început, s-ar putea să fie mai dificilă această tehnică, dar o practică consistentă îţi va aduce beneficii.

Expunerea la lumină naturală

În era tehnologiei şi a vieţii indoor, mulţi dintre noi petrecem o mare parte din zi în spaţii închise, sub lumini artificiale. Totuşi, corpul nostru este programat să răspundă la lumina naturală – mai ales la cea din primele ore ale dimineţii – care joacă un rol esenţial în reglarea echilibrului intern şi în menţinerea unei stări de sănătate optimă.

Ceasul biologic şi ritmurile circadiene

Lumina solară este principalul sincronizator al **ritmurilor circadiene**, adică al ciclurilor naturale ale corpului care reglează somnul, trezirea, nivelul de energie şi secreţia hormonală. Acest proces este coordonat de o structură din creier numită **nucleul suprachiasmatic**, localizată în hipotalamus, care funcţionează ca un „ceas intern".

Când lumina atinge retina, semnalul este transmis către nucleul suprachiasmatic, care, la rândul lui, reglează se-creţia de hormoni precum **cortizolul** (hormonul activării, eliberat dimineața) și **melatonina** (hormonul somnului, eliberat seara). Astfel, expunerea la lumină dimineața ajută corpul să intre într-un ritm sănătos, susținând starea de vigilență pe timpul zilei și somnul odihnitor noaptea *(Chellappa et al., 2011)*.

Pe lângă influența asupra somnului, lumina naturală are un impact direct asupra dispoziției. Expunerea la lumină stimulează producția de **serotonină**, un neurotransmițător asociat cu starea de bine, echilibrul emoțional și motivația. Niveluri ridicate de serotonină sunt corelate cu o stare mentală pozitivă, în timp ce deficiențele sunt asociate cu depresie, anxietate și lipsă de energie *(Lambert et al., 2002)*. Mai mult, serotonina este și precursorul melatoninei – ceea ce înseamnă că **o zi luminoasă duce la un somn de calitate**.

Ce se întâmplă în lipsa luminii naturale?

Dacă nu primim suficientă lumină – în special dimineața – ritmurile biologice se dereglează. Acest lucru poate avea multiple efecte negative:

- Dificultăți de adormire sau trezire

- Scăderea nivelului de energie

- Iritabilitate, tulburări de dispoziție

- Simptome de depresie sezonieră *(Seasonal Affective Disorder, DSM-V)*

- Slăbirea sistemului imunitar și hormonal

Lipsa luminii naturale afectează și variabilitatea ritmului cardiac (HRV), un indicator al echilibrului sistemului nervos autonom.

Recomandări practice pentru folosirea luminii în reglarea organismului

• Ieşi afară în **primele 30-60 de minute** după trezire, chiar şi pentru 10-15 minute. Lumina dimineţii are o intensitate optimă şi o compoziţie spectrală ideală pentru sincronizarea ceasului biologic.

• Dacă nu poţi ieşi, stai lângă o fereastră deschisă sau în lumină naturală directă.

Evită expunerea excesivă la lumină artificială seara, în special la lumina albastră emisă de ecrane, care inhibă producţia de melatonină.

În lunile întunecate sau în spaţii închise, poţi folosi **lămpi de luminoterapie**, aprobate medical pentru tratarea depresiei sezoniere.

Activitatea fizică

În ultimii ani, cercetările din domeniul neuroștiinței și al psihofiziologiei au evidențiat o legătură profundă între activitatea fizică și sănătatea sistemului nervos autonom (SNA) – rețeaua internă care reglează funcțiile automate ale corpului, cum ar fi ritmul cardiac, respirația, digestia și răspunsul la stres.

Deși la prima vedere asociem exercițiul cu efort, transpirație și activare, efectele pe termen lung sunt exact invers: mai mult calm, mai mult echilibru și o mai bună capacitate a corpului de a face față stresului.

Cum influenţează mişcarea sistemul nervos autonom?

Exercițiul fizic regulat este asociat cu **creșterea tonusului vagal în repaus** – adică o activitate crescută a nervului vag, componenta principală a ramurii parasimpatice a SNA (cea responsabilă cu relaxarea și regenerarea). Un tonus vagal ridicat este un semn al unei bune adaptabilități fiziologice și al unei sănătăți mentale robuste. Această **predominanţă parasimpatică** înseamnă că organismul revine mai rapid la o stare de calm după stres *(Sandercock et al., 2005)*.

Deși este adevărat că în timpul exercițiului intens sistemul simpatic este activat – crește ritmul cardiac, respirația se accelerează, se eliberează adrenalină – **corpul învață să se autoregleze mai eficient** după efort, ceea ce duce la o funcționare mai echilibrată a întregului sistem nervos.

Efecte fiziologice profunde: inflamație, stres, neurochimie

Pe lângă efectele asupra sistemului nervos, activitatea fizică produce beneficii semnificative și asupra **sistemului endocrin și imunitar**. În mod specific, mișcarea reduce **inflamația sistemică cronică** – un factor asociat cu numeroase boli fizice și tulburări psihice, precum depresia și anxietatea. Totodată, exercițiul normalizează funcțio-narea **axei HPA** (hipotalamus-hipofiză-suprarenală) – sistemul responsabil de reacția hormonală la stres, contribuind la scăderea nivelului de cortizol și stabilizarea emoțională (Schuch et al., 2016).

Pe plan chimic, exercițiul stimulează producția de **en-dorfine** (analgezice naturale), **dopamină** (motivație) și **BDNF** (brain-derived neurotrophic factor) – o proteină esențială pentru plasticitatea cerebrală și regenerarea neuronilor.

De ce contează acest lucru?

Un sistem nervos autonom bine echilibrat înseamnă:

- O capacitate mai mare de a face față stresului zilnic
- O revenire mai rapidă la calm după o stare de ten-siune
- Un somn mai profund și regenerant
- O stare generală de bine psihologic și fizic

Mai mult decât un mijloc de „a slăbi" sau „a arăta bine", **mișcarea regulată este o formă de igienă a creierului și a sistemului nervos.**

Recomandări practice

- Nu trebuie să fie intens. Plimbările zilnice, dansul, yoga, mersul pe bicicletă – toate aduc beneficii.

• Ideal este să incluzi cel puțin 150 de minute de activitate moderată pe săptămână (cum recomandă OMS).

• Chiar și 10 minute de mișcare pot face diferența în reglarea ritmului cardiac și a stării de spirit.

Contact și conectare socială

Într-o lume tot mai grăbită și digitalizată, cu relații adesea filtrate prin ecrane și conexiuni superficiale, nevoia noastră profundă de contact real, fizic și emoțional este mai importantă ca niciodată. Știința arată tot mai clar că **interacțiunile sociale autentice nu sunt doar benefice pentru psihic, ci au un impact direct și profund asupra fiziologiei noastre.**

Oxitocina – hormonul conexiunii şi al siguranţei

Când experimentăm **atingerea blândă** (cum ar fi o îmbrățișare, o mângâiere sau chiar un masaj), corpul nostru răspunde prin eliberarea de **oxitocină**, un hormon cunoscut pentru rolul său în crearea atașamentului, în reducerea stresului și în generarea unei stări de siguranță profundă. Conform cercetărilor realizate de Uvnäs-Moberg și colaboratorii (2015), această secreție hormonală nu doar că ne face să ne simțim mai conectați, dar reduce în mod activ **nivelul de cortizol** – hormonul stresului – și contribuie la **relaxarea sistemului nervos autonom**.

Această reacție fiziologică este esențială în contextul autoreglării, pentru că indică organismului că „suntem în siguranță", deci poate ieși din starea de alertă (simpatică) și poate activa ramura parasimpatică responsabilă cu liniștea și refacerea.

Teoria polivagală şi importanţa conectării sociale

Un alt cadru teoretic care explică în mod fascinant această relație între contactul uman și calmarea sistemului nervos este **Teoria Polivagală**, dezvoltată de Stephen Porges (2007).

Această teorie susține că sistemul nostru nervos parasimpatic are două căi distincte – una orientată către supraviețuire (înghet, retragere), și una orientată către implicare socială. Când ne simțim conectați cu ceilalți, în special prin contact vizual, expresii faciale și ton cald al vocii, se activează ramura vagală ventrală – ceea ce duce la relaxare, deschidere și capacitate de conectare emoțională.

Conexiunea socială nu este doar o „nevoie emoțională" abstractă. Ea este literalmente înscrisă în arhitectura noastră biologică, iar nervul vag – componenta centrală a siste-mului parasimpatic – răspunde direct la semnalele de siguranță transmise prin interacțiuni umane autentice.

Relațiile de calitate – un „scut" împotriva stresului

Pe lângă atingerea fizică, și **suportul social** sub formă de sprijin emoțional, conversații autentice sau sentimentul de apartenență joacă un rol esențial în menținerea sănătății sistemului nervos.

Conform cercetărilor realizate de Kok & Fredrickson (2010), relațiile pozitive contribuie semnificativ la creșterea variabilității ritmului cardiac **(HRV)** – un indicator esențial al flexibilității sistemului nervos autonom și al capacității organismului de a răspunde eficient la stres.

Un HRV mai mare este asociat cu o mai bună adaptare la schimbări, o reglare emoțională mai eficientă și un risc mai mic de boli cardiovasculare. Iar un factor cheie care îl influențează pozitiv? **Calitatea conexiunilor sociale.**

Ce putem face în mod practic?

Cultivă prezența reală: petrece timp cu oameni care te susțin emoțional, nu doar în conversații, ci și în prezență fizică calmă.

Atingerea contează: îmbrățișări zilnice, masaj terapeutic, mângâieri între parteneri – toate stimulează oxitocina.

Ascultă activ: când cineva îți vorbește, menține contact vizual și un ton cald – semnale de siguranță pentru sistemul nervos al celuilalt.

- **Creează ritualuri de conexiune**: cine în familie, timp fără ecrane, momente zilnice de reconectare.

- **Fii tu sprijin pentru alții**: empatia și sprijinul oferit nu doar că ajută pe ceilalți, dar îți întăresc propriul echilibru nervos.

Mindfulness

Ce este meditația mindfulness?

Mindfulness înseamnă **atenție conștientă, non-critică, în momentul prezent**. Practicile asociate acestui concept (respirația conștientă, scanarea corporală, observația gândurilor) antrenează creierul să devină mai puțin reactiv și mai echilibrat în fața stresului.

Spre deosebire de alte forme de meditație care presupun vizualizări sau repetiția unor mantre, mindfulness pune accent pe **observarea simplă și directă** a realității interioare – respirația, senzațiile, emoțiile – fără a încerca să le schimbi.

Ce se întâmplă în creierul tău când practici mindfulness?

Studiile de neuroimagistică arată că **meditația mind-fulness activează sistemul nervos parasimpatic**, indu-când o stare de relaxare profundă. În același timp, reduce activarea **amigdalei**, o regiune a creierului asociată cu frica, reactivitatea emoțională și declanșarea răspunsului „luptă sau fugi" *(Hölzel et al., 2011)*.

Pe termen lung, aceste practici contribuie la dezvoltarea cortexului prefrontal dorsolateral – zona implicată în auto-control, luarea deciziilor și reglarea emoțiilor. Practic, devii **mai conștient de stările tale interioare și mai capabil să răspunzi calm în loc să reacționezi impulsiv.**

Neuroplasticitate: cum îți schimbi fizic creierul

Cercetările conduse de Tang, Hölzel & Posner (2015) arată că doar **8 săptămâni de practică zilnică** de mindfulness pot duce la **creșterea densității de materie cenușie** în re-giuni ale creierului asociate cu:

- **Autoreglarea emoțională**
- **Empatia și compasiunea**
- **Conștiența de sine**

Această adaptare structurală a creierului se numește **neu-roplasticitate** – adică abilitatea creierului de a se remodela în funcție de experiență. Așadar, prin practică repetată, devii literalmente o persoană mai calmă, mai conștientă și mai rezilientă la stres.

Beneficii demonstrate ştiinţific:

- Reducerea anxietăţii şi depresiei
- Îmbunătăţirea somnului şi a capacităţii de con-centrare
- Scăderea tensiunii arteriale şi a inflamaţiei
- Creşterea HRV (variabilitatea ritmului cardiac)
- Reglarea sistemului nervos autonom şi a axei HPA

Recomandări practice pentru începători:

- Începe cu **5-10 minute pe zi**, într-un loc liniştit.
- Concentrează-te pe **respiraţie** – observ-o fără să o modifici.
- Când apar gânduri, **nu te judeca** – observă-le şi re-vino blând la respiraţie.
- Poţi folosi aplicaţii precum *Insight Timer, Headspace, Calm* sau meditaţii ghidate de pe YouTube.
- Practică dimineaţa pentru claritate mentală sau seara pentru relaxare profundă.

În capitolele ulterioare vom mai reveni la exerciţii similare pentru facilitarea învăţării reglării emoţionale eficiente.

Reglarea emoţională prin temperatură

Băile reci și expunerea la frig: Resetarea sistemului nervos prin disconfort controlat

Expunerea la apă rece – fie sub formă de dușuri reci, băi cu gheață sau scufundări în natură – a fost practicată timp de secole în diferite culturi pentru efectele sale revigorante.

În prezent, știința oferă o explicație detaliată a beneficiilor fiziologice și psihologice ale acestei practici, arătând că este mult mai mult decât o provocare mentală: este un instrument eficient pentru **reglarea sistemului nervos, reducerea inflamației și creșterea rezilienței mentale.**

Mecanisme fiziologice: De la stres acut la adaptare pozitivă

Când corpul este expus la apă rece (sub 15°C), sistemul nervos reacționează imediat prin activarea răspunsului **simpatic** – se intensifică bătăile inimii, crește tensiunea ar-terială, respirația devine accelerată, iar organismul eliberează **adrenalină și noradrenalină**. Acesta este răs-punsul natural de „luptă sau fugi".

Însă, după acest răspuns inițial, intervine un fenomen de **autoreglare** – organismul începe să se adapteze, iar **nervul vag** (componenta-cheie a sistemului nervos parasimpatic) este activat, inducând o stare de calm și relaxare. Acest proces ajută la creșterea flexibilității sistemului nervos autonom, un indicator crucial pentru sănătatea generală.

Potrivit unei analize realizate de Knechtle et al. (2020), expunerea la apă rece este asociată cu o creștere a variabilității ritmului cardiac **(HRV)** – un parametru esen-țial care reflectă capacitatea organismului de a trece eficient între stările de alertă și cele de repaus *(Knechtle et al., Fron-tiers in Physiology, 2020).*

Efecte antiinflamatorii şi hormonale

Pe lângă efectele directe asupra sistemului nervos, băile cu gheaţă influenţează profund sistemul imunitar şi hormonal:

Reduc inflamaţia sistemică: Prin scăderea pro-ducţiei de citokine proinflamatorii (precum IL-6), băile reci contribuie la un răspuns inflamator mai echilibrat – esenţial pentru prevenirea afecţiunilor cronice.

Scad durerea musculară şi accelerează recu-perarea: De aceea, sunt folosite pe scară largă în sportul de performanţă.

Beneficii asupra stării psihice şi a dispoziţiei

Una dintre cele mai fascinante descoperiri este impactul băilor reci asupra **chimiei creierului**. Expunerea la frig stimulează producţia de:

- **Dopamină**, asociată cu motivaţia şi starea de bine

- **Norepinefrină**, un neurotransmiţător implicat în vigilenţă, concentrare şi reducerea durerii.

Un articol publicat de Shevchuk (2008) propune băile reci ca potenţial tratament complementar pentru depresie, tocmai prin mecanismul de stimulare dopaminergică şi adaptare la stres *(Shevchuk, Medical Hypotheses, 2008)*.

Antrenament de rezilienţă mentală

Pe lângă beneficiile fiziologice, băile cu gheaţă devin un adevărat **exerciţiu de autoreglare psihică**. În timpul ex-punerii la frig, disconfortul este real, iar reacţia naturală este de evitare. Dar prin concentrare pe respiraţie şi pre-zenţă conştientă, înveţi:

• Să-ți calmezi răspunsul la stres

• Să-ți reglezi gândurile automate („nu mai pot" → „pot sta încă 10 secunde")

• Să-ți antrenezi mintea să accepte disconfortul con-trolat

Acest antrenament mental este transferabil în viața de zi cu zi, ajutând la dezvoltarea **rezilienței emoționale** și a capa-cității de a face față situațiilor tensionate.

Contraindicații și precauții

Deși băile reci sunt benefice pentru majoritatea oamenilor, nu sunt potrivite în orice situație:

Persoanele cu afecțiuni cardiovasculare trebuie să consulte medicul înainte de a începe.

Nu este recomandat să te scufunzi singur – există ris-curi asociate cu hipotermia.

Expunerea trebuie să fie progresivă: începe cu dușuri reci de 30-60 secunde și crește gradual durata și in-tensitatea.

Recomandări pentru începători

Începe cu **dușuri reci** la finalul dușului obișnuit – 30 secunde, apoi 1 minut.

Treci treptat la **băi reci (10-15°C)** – 2-3 minute maxim pentru început.

Fii atent la respirație – **expiră lent și constant**, nu hiperventila.

După baie, **încălzește-te natural**: haine groase, mișcare, ceai cald – evită apa fierbinte imediat după.

Practică consecvent: 2-3 ori pe săptămână pentru efecte vizibile.

Când totul este prea mult şi nu te poţi concentra pe nimic:

Iată un exerciţiu simplu dovedit să regleze aproape instantaneu emoţiile.

Când emoţiile copleşitoare ne iau prin surprindere – o criză de anxietate, o stare de disociere, panică sau gânduri intruzive – mintea şi corpul nostru au nevoie de **un semnal clar şi fizic că suntem în prezent** şi că suntem în siguranţă. Una dintre cele mai eficiente şi rapide metode este **exerciţiul cu cuburi de gheaţă**.

Cum funcţionează acest exerciţiu?

Ţinerea cuburilor de gheaţă în palmă declanşează un răspuns intens al corpului, care:

Activează sistemul nervos simpatic prin **senzaţia bruscă de frig**

Redirecţionează atenţia de la gândurile sau emoţiile copleşitoare către stimulul fizic concret

Stimulează cortexul prefrontal, ajutând la recăpătarea controlului conştient

Poate induce ulterior o stare parasimpatică (calm) prin contrastul cu senzaţia anterioară

Această intervenţie rapidă este eficientă în reducerea stă-rilor de:

• Anxietate acută

• Disociere / amorţeală emoţională

• Stări de panică sau agitație extremă

• Ruminare obsesivă

Ce spune literatura științifică

Exercițiile de acest tip intră în categoria tehnicilor de **„stimulare senzorială"** folosite în terapia dialectic-comportamentală **(DBT)**, o formă de terapie dezvoltată de Dr. Marsha Linehan pentru tratarea tulburărilor de reglare emoțională.

Linehan (2014) recomandă în DBT „folosirea temperaturii extreme (ex. apă rece, cuburi de gheață) ca formă de stimulare senzorială pentru a reduce suferința psihologică intensă și a aduce clientul înapoi în prezent."

Mai mult, cercetările arată că **imersiunea extremităților în apă rece** sau **contactul brusc cu frigul** pot reduce activarea amigdalei și pot crește controlul prefrontal asupra reacțiilor emoționale *(Tiefer et al., 2017)*.

Tiefer et al. (2017) au descoperit că stimulii reci pot acționa ca „resetări fiziologice" utile în intervențiile de urgență psihologică, mai ales în contexte de disociere și supra-stimulare.

Cum să practici exercițiul cu gheață

1. Ia unu sau două cuburi de gheață și ține-le în palmă. Dacă ești sensibil(ă), poți înfășura cubul într-un șer-vețel subțire.

2. Concentrează-te pe senzație: rece, înțepător, durere ușoară – toate sunt semnale că ești „aici și acum".

3. Respiră conștient, chiar dacă corpul reacționează. Încearcă să nu te lupți cu disconfortul.

Stai cu gheața 30-90 de secunde, apoi lasă-o jos. Observă cum te simți.

4. Repetă dacă este nevoie sau combină cu alte tehnici de reglare (respirație lentă, apă rece pe față, ancorare vizuală etc.)

Când este utilă această tehnică?

- În timpul atacurilor de panică
- Când simți că „te desprinzi de realitate" (disociere)
- În stări de furie sau impulsivitate
- Pentru a ieși dintr-un „loop" de ruminare sau stres acut
- Ca strategie de „prim-ajutor" emoțional

Precauții

- Nu menține gheața prea mult timp dacă ai piele sensibilă, circulație deficitară sau neuropatie.

Nu este o tehnică de vindecare în sine, ci un instrument de **autoreglare de urgență.**

Este cel mai eficientă atunci când este combinată cu alte intervenții psihologice sau terapeutice.

CAPITOLUL IV

Tehnici comportamentale de reglare emoțională

În fiecare zi ne confruntăm cu o paletă variată de emoții – unele plăcute, altele intense, neașteptate sau greu de gestionat. Deși nu putem controla întotdeauna ce simțim, putem învăța să răspundem diferit la ceea ce trăim. Aceasta este esența reglării emoționale: să fim conștienți de stările noastre interne și să dezvoltăm comportamente sănătoase și eficiente prin care să le traversăm, nu să le reprimăm sau să le lăsăm să ne conducă.

Acest capitol îți oferă un plan săptămânal de intervenții comportamentale inspirate din terapia dialectic-comportamentală **(DBT)** – un model terapeutic validat științific, dezvoltat de Dr. Marsha Linehan, dedicat tocmai gestionării emoțiilor puternice, impulsurilor și instabilității afective.

Fiecare zi aduce un set de **5 tehnici specifice**, atent selec-tate și explicate, care te pot ajuta:

- să îți dezvolți conștiența de sine

- să îți întărești reziliența emoțională

- să faci față stresului fără a te autodistruge

- să creezi răspunsuri sănătoase și flexibile în locul ce-lor impulsive.

Vei învăţa cum să-ţi foloseşti corpul, mintea şi atenţia pen-tru a regla stările copleşitoare, folosind instrumente validate ştiinţific – de la tehnici de ancorare, mindfulness şi journaling, la expunere gradată şi intervenţii de toleranţă la distres.

Acest ghid nu este un simplu set de exerciţii. Este o invitaţie la antrenamentul blândeţii şi al conştienţei. Pentru că emo-ţiile nu sunt „problema". Modul în care înveţi să te raportezi la ele – cu prezenţă, înţelepciune şi echilibru – este ceea ce îţi schimbă viaţa.

LUNI – Antrenarea atenţiei şi conştientizarea emoţiilor

1. Mindfulness pe respiraţie

Această tehnică presupune să ne concentrăm atenţia complet asupra respiraţiei timp de 5-10 minute, fără a o modifica. Scopul este să devenim observatori ai propriilor gânduri şi senzaţii, fără a le judeca. Prin această practică, se reduce identificarea cu emoţiile negative şi se dezvoltă o mai bună reglare emoţională.

Studiile de neuroimagistică au arătat că exerciţiile de mindfulness contribuie la creşterea densităţii materiei ce-nuşii în cortexul prefrontal, regiune implicată în auto-reglare, şi la scăderea activării amigdalei, centrul fricii *(Hölzel şi colab., 2011)*.

2. Exerciţiul STOP

STOP este o tehnică esenţială din DBT care ajută la între-ruperea reacţiilor impulsive.

S - Opreşte-te complet

T - Fă un pas înapoi pentru a câştiga perspectivă

O - Observă ce simți și ce gândești fără a reacționa

P - Procedează mai departe cu calm și conștiență

Acest exercițiu oferă o pauză între stimul și reacție, permițând creierului să aleagă un răspuns adaptativ în locul unei reacții automate. Este extrem de util în conflicte, situații stresante sau în orice moment de supraîncărcare emoțională *(Linehan, 2014)*.

3. Jurnalul emoțiilor

Scrierea conștientă a emoțiilor ajută la conștientizarea tiparelor de reacție și a legăturii dintre gânduri, sentimente și comportamente. Este o practică de introspecție care implică activarea cortexului prefrontal și sprijină procesul de reglare emoțională. Etichetarea emoțiilor reduce inten-sitatea acestora și sprijină clarificarea experienței interioare *(Lieberman et al., 2007)*.

4. Exercițiu de auto-validare

Auto-validarea înseamnă recunoașterea faptului că pro-priile emoții sunt valide și justificate în contextul trăit.

Exemple de afirmații:

- „Este firesc să simt anxietate într-o situație necu-noscută.”

- „Este normal să mă simt rănit când sunt respins.”

Validarea emoțională reduce auto-critica și susține o rela-ție mai blândă cu sinele, contribuind la creșterea stimei de sine și la autoreglare emoțională *(Neff, 2003)*.

5. Practica de ancorare vizuală 5-4-3-2-1

Această tehnică presupune identificarea a:

5 lucruri pe care le vezi,

4 lucruri pe care le poți atinge,

3 lucruri pe care le poți auzi,

2 lucruri pe care le poți mirosi,

1 lucru pe care îl poți gusta.

Este o metodă de împământare care sprijină revenirea în prezent în situații de disociere, panică sau stres intens. Prin reorientarea atenției către senzațiile senzoriale, sistemul nervos revine la o stare de siguranță și calm *(Porges, 2007)*.

Marți – Emoții, corp și resetare fiziologică

În ziua de marți ne concentrăm pe relația profundă dintre corp și emoții. Emoțiile nu sunt doar experiențe mentale – ele se simt și în corp: sub forma unei respirații rapide, a unui puls accelerat, a tensiunii musculare sau a unui nod în stomac.

Pentru a regla aceste reacții, ne folosim de intervenții fiziologice directe, care influențează sistemul nervos autonom și ne ajută să trecem de la reacții automate (luptă, fugi, îngheață) la calm, siguranță și echilibru.

1. Respirația 4-7-8

Această tehnică de respirație controlată ajută la calmarea sistemului nervos simpatic (responsabil cu răspunsul la stres) și activează nervul vag, esențial în procesele de rela-xare, digestie și refacere.

Cum se practică:

- Inspiră pe nas timp de 4 secunde

- Ține aerul timp de 7 secunde

- Expiră lent pe gură timp de 8 secunde

Ce face: Prin prelungirea expirului, corpul tău primește un semnal clar că este în siguranță, iar sistemul nervos trece din starea de alertă în starea de calm. Este o tehnică extrem de eficientă pentru **reducerea anxietății, controlul gân-durilor intruzive și inducerea somnului**.

Respirația 4-7-8 este folosită pe scară largă pentru indu-cerea relaxării, fiind inspirată din tehnici de pranayama și validată prin studii asupra HRV. *(Weil, 2011)*

2. Expunerea controlată la apă rece

Apa rece aplicată pe față sau pe mâini are un efect fiziologic aproape instant. Ea declanșează așa-numitul reflex de scu-fundare al mamiferelor, care determină scăderea ritmului cardiac și activarea vagală.

Cum se face:

- Clătește-ți fața cu apă foarte rece timp de 30-60 secunde

- Aplică un prosop rece pe obraji și frunte

- Ține mâinile în apă rece timp de 1 minut

Efect:

Această tehnică este ideală în momente de suprasolicitare nervoasă – **panică, furie, agitație**, ajutând corpul să revină la echilibru. Este una dintre cele mai rapide intervenții de autoreglare fiziologică.

Studiile arată că expunerea la apă rece creşte HRV şi spri-jină restaurarea sistemului nervos autonom după stres *(Knechtle, 2020)*.

3. Activitate fizică blândă (mişcare cu intenţie)

Mişcarea este un mod natural de a procesa şi elibera energia emoţională acumulată în corp. Fie că alegi mersul pe jos, yoga sau dans, corpul tău îţi va mulţumi.

Ce poţi face:

> Mergi 15-30 minute în ritm constant
>
> Practică 10-15 minute de stretching sau yoga
>
> Dansează liber pe o melodie care îţi place

Efecte:

- Creşte secreţia de endorfine (hormonii stării de bine)

- Normalizează nivelul de cortizol (hormonul stresului)

- Îmbunătăţeşte autoreglarea pe termen lung

Exerciţiul fizic regulat este asociat cu o mai bună reglare a axei HPA şi scăderea simptomelor de anxietate şi depresie. (Schuch, 2016)

4. Tehnica „Temperature Change" – Schimbarea bruscă a temperaturii

Parte din pachetul DBT de „toleranţă la distres", această tehnică se bazează pe modificarea rapidă a stării interne printr-un stimul termic rece.

Cum se face:

Ține un cub de gheață în palmă timp de 30-90 secunde

Ieși 1-2 minute în aer rece (dacă e frig)

Aplică un obiect rece (ex. sticlă cu apă) pe piept sau gât

De ce funcționează: Schimbarea bruscă de temperatură „șochează" ușor sistemul nervos, scoțându-l din starea de „prăbușire" sau „hiperactivare". Este o metodă eficientă în **crize emoționale, impulsivitate și disociere**.

Linehan, 2014 – Tehnica „T" din schema TIP (Temperature, Intense exercise, Paced breathing) este recomandată pentru calmare rapidă în DBT.

5. Stretching conștient (întindere lentă și blândă)

Întinderea corpului cu prezență, nu mecanic, este o practică valoroasă de reglare emoțională. Emoțiile se manifestă adesea prin **contracturi musculare** și disconfort corporal.

Cum se face:

Alege 3-5 exerciții ușoare de întindere (umeri, spate, gât, picioare)

Ține fiecare poziție 20-30 de secunde

Concentrează-te pe senzațiile fizice și respiră profund

Efecte:

- Reduce tensiunea musculară asociată cu stresul
- Îmbunătățește conștientizarea corporală
- Calmează sistemul nervos prin mișcare blândă, rit-mată

Concluzie:

Tehnicile din ziua de marți te ajută să redobândești controlul emoțional **prin intermediul corpului**. Fie că ești tensionat(ă), disociat(ă) sau cuprins(ă) de panică, aceste intervenții rapide îți pot reseta sistemul nervos și aduce **claritate, calm și ancorare**. Corpul tău are nevoie să știe că este în siguranță – iar tu poți transmite acel mesaj prin respirație, temperatură, mișcare și atenție conștientă.

Miercuri – *Stai cu disconfortul:* exerciții pentru a traversa emoțiile, nu a fugi de ele

Emoțiile nu au nevoie să fie rezolvate imediat – ci con-ținute, înțelese și simțite în siguranță. Ziua de miercuri te invită să-ți exersezi reziliența emoțională: capacitatea de a sta cu un disconfort fără a reacționa impulsiv, fără a-l res-pinge sau suprima.

Tehnicile de mai jos sunt menite să te susțină în **a face față emoțiilor dificile fără a te autodistruge**, fără a te învi-novăți și fără a scăpa prin mecanisme de evitare nesă-nătoase. Ele îți oferă **strategie, nu soluție instant** – iar asta e mult mai puternic.

1. Acceptarea radicală (Radical Acceptance)

Un concept esențial din DBT, acceptarea radicală înseamnă **să accepți realitatea exact așa cum este**, fără a o lupta, nega sau blama. Nu înseamnă să fii de acord cu ea – ci să nu mai pierzi energie în rezistență.

Cum se practică:

Repetă: „Nu îmi place ce se întâmplă, dar este real."

Observă gândurile de luptă („Nu e corect", „Nu su-port") – apoi respiră și revină la prezent.

Scopul este liniștea din acceptarea adevărului, nu re-semnarea.

Acceptarea radicală reduce suferința inutilă și deschide drumul spre acțiuni eficiente *(Linehan, 2014)*.

2. Tehnica „numelui emoției" (Name it to tame it)

Când numești emoția pe care o simți, creezi un spațiu între tine și ea. Nu mai ești „furie pură" sau „anxietate totală", ci un om care simte o stare.

Exercițiu:

Pune mâna pe piept, respiră adânc.

Spune: „Observ că simt _______."

Poți merge mai departe: „Această emoție vine pentru că…"

Poți scrie în jurnal sau spune cu voce tare.

3. Acronimul IMPROVE pentru distres

Un instrument DBT de traversare a momentelor dificile, ca-re propune **distragere pozitivă și reconectare cu sensul.**

IMPROVE înseamnă:

Imagination: Vizualizează un loc sigur sau o persoană care te liniștește.

Meaning: Găsește un sens în ce trăiești acum. Ce poți învăța?

Prayer: Rugăciune sau meditație (conectare cu ceva mai mare).

Relaxation: Respirație, băi calde, muzică blândă.

One thing at a time: Fă un singur lucru (nu te supra-solicita).

Vacation: Ia o pauză scurtă mentală (închide ochii, respiră).

Encouragement: Spune-ți o frază de sprijin: „Este greu, dar pot trece prin asta."

IMPROVE este recomandat în situații de distres intens în care acțiunea directă nu e posibilă. *(Linehan, 2014)*

4. Repetiția unei mantre personale

Cuvintele au putere. În stări de confuzie, rușine, panică sau copleșire, o frază blândă și constantă te poate ancora și reasigura.

Exemple de mantre:

„Sunt în siguranță chiar dacă mă simt inconfortabil."

„Acest val va trece. Eu pot rămâne pe mal."

„Este greu, dar nu periculos.”

„Emoțiile sunt ca vremea. Se schimbă.”

Cum se face:

Alege o frază care te sprijină.

Repet-o încet în minte sau cu voce, 1-3 minute, respirând ritmic.

Poți folosi și gesturi (mâna pe inimă sau piept).

5. Postură de siguranță + respirație lentă

Postura corpului influențează starea emoțională. Dacă ești încordat(ă), cocoșat(ă), în apărare, corpul tău „învață” că ești în pericol. O postură calmă transmite siguranță.

Cum se face:

• Așază-te confortabil, cu spatele drept, picioarele relaxate.

• Pune o mână pe piept, una pe abdomen.

• Inspiră lent 4 secunde – expiră 6-8 secunde.

• Spune-ți: „Îi ofer corpului meu un semnal că este în siguranță.”

Teoria polivagală subliniază că semnalele corporale de siguranță reglează sistemul nervos autonom *(Porges, 2007)*.

Concluzie:

Toleranța la disconfort nu este despre „a îndura” sau „a te forța” – ci despre a deveni spațiu pentru propria emoție, în timp ce ea trece.

Aceste exerciții nu promit că vei scăpa de durere, dar te vor ajuta să nu o amplifici și să nu o însoțești cu rușine, vinovăție sau autoagresiune.

Când înveți să stai în disconfort fără să te prăbușești, dobândești o formă de libertate interioară reală.

Joi – Relații, conectare și comunicare conștientă

Reglarea emoțională nu este un proces exclusiv individual – este și relațional. Creierul și sistemul nervos au evoluat într-un context social: suntem programați să ne simțim mai în siguranță, mai calmi și mai stabili atunci când suntem conectați cu alții.

În această zi ne concentrăm pe exerciții care implică conexiunea umană, empatia, comunicarea și autoreglarea prin relație.

1. Conversație autentică + ascultare activă

Petrece 10-20 de minute într-o discuție sinceră cu cineva apropiat. Nu pe fugă, nu despre taskuri. Ascultă cu atenție, fără să întrerupi. Pune întrebări empatice, răspunde cu prezență.

Ce obții:

Îți activezi nervul vag ventral, care reglează starea de siguranță socială.

Crești conexiunea interpersonală și sentimentul de apartenență.

Dispariția senzației de izolare reduce distresul emoțional.

Relațiile de siguranță activează circuitele neuronale responsabile de calm și cooperare *(teoria polivagală, Porges, 2007)*.

2. Scrisoare de recunoştinţă (trimisă sau nu)

Gândeşte-te la o persoană care te-a ajutat, te-a sprijinit sau inspirat. Scrie o scrisoare (sau un mesaj lung) în care îi exprimi aprecierea – chiar dacă nu o trimiţi.

Ce obţii:

> Activezi zonele cerebrale asociate cu **empatia şi satisfacţia**.

> Stările de furie sau tristeţe se echilibrează prin accesarea recunoştinţei.

> Poţi transforma energia emoţională negativă într-o experienţă profund umană.

Practica recunoştinţei duce la creşterea satisfacţiei cu viaţa şi scăderea emoţiilor disfuncţionale (*Emmons & McCullough, 2003*).

3. Tehnica GIVE – pentru conversaţii dificile

Un instrument DBT pentru a menţine relaţii sănătoase în situaţii tensionate.

GIVE înseamnă:

> **Gentle** – Fii blând(ă), evită sarcasmul sau agresivitatea

> **Interested** – Arată interes real faţă de ce spune celălalt

> **Validate** – Recunoaşte emoţiile celuilalt („înţeleg că e greu pentru tine...")

> **Easy manner** – Adoptă un ton calm, postură relaxată

GIVE este parte din setul de abilităţi pentru menţinerea respectului şi empatiei în conversaţiile tensionate *(Linehan, 2014)*.

4. Timp de calitate fără ecrane

Propune o activitate în care să fii prezent(ă) 100% alături de o altă persoană – o plimbare, un joc, o masă împreună, citit în liniște.

Scop:

- Reducerea suprastimulării digitale
- Crearea unui spațiu real de prezență și conectare
- Oferirea și primirea de atenție umană autentică

Ce obții:

Conectarea reală ajută la reglarea stresului și la **reconfirmarea apartenenței**, o nevoie psihologică fundamentală.

5. Practica de auto-validare în relații

După o conversație, interacțiune sau conflict, fă o pauză de reflecție. În loc să te judeci („N-ar fi trebuit să zic asta", „Sunt prea sensibil(ă)"), practică auto-validarea:

„Mi-am exprimat nevoile cât am putut de bine."

„E ok să am emoții în relațiile apropiate."

„Valoarea mea nu depinde de reacțiile altora."

Auto-compasiunea în context relațional reduce anxietatea socială și sprijină relații sănătoase *(Neff, 2003)*.

Concluzie:

În ziua de joi exersăm **reglarea prin relație**. Nu suntem construiți să ne vindecăm singuri. Prezența celuilalt – fie și doar într-o conversație blândă – este adesea cel mai pu-ternic „medicament" pentru un sistem nervos suprasolicitat.

Învață să comunici, să ceri, să te exprimi – dar și să primești, să validezi, să taci cu prezență. Aceste exerciții construiesc **siguranță în relații și stabilitate în tine**.

Vineri – Claritate mentală, introspecţie şi restructurare cognitivă

Sfârșitul săptămânii este momentul ideal pentru a încetini și a aduce **lumină asupra gândurilor**. Vineri devine ziua în care înveți să îți **observe mintea fără să o crezi pe cuvânt**. În loc să fii condus(ă) de povești automate („Nu sunt suficient(ă)", „O să greșesc", „E vina mea"), vei practica introspecția blândă și **restructurarea cognitivă**.

Scopul nu este să „gândești pozitiv cu forța", ci să înveți să recunoști când **mintea creează realități distorsionate**, să le examinezi și să le înlocuiești cu perspective mai realiste și funcționale.

1. Tehnica „Check the Facts" (Verificarea faptelor)

Atunci când trăim emoții intense, este util să verificăm dacă ele se bazează pe fapte sau pe interpretări distorsionate.

Cum se practică:

Ce s-a întâmplat *concret*?

Ce *știu cu siguranță*? Ce *presupun*?

Emoția mea e proporțională cu realitatea sau am-plificată de gânduri automate?

Scop: Clarifici realitatea și scazi intensitatea emoțională. Această tehnică este esențială pentru ieșirea din bucle de panică, rușine sau furie.

Check the Facts este una dintre cele mai eficiente tehnici de reglare emoțională rațională *(Linehan, 2014)*.

2. Jurnalul „Gând – Emoție – Comportament – Alternativă"

Un instrument clasic de introspecție cognitivă. Scrie o situ-ație recentă în care ai avut o reacție emoțională puternică.

Completează 4 coloane:

Gând: Ce ți-ai spus în minte?

Emoție: Ce ai simțit? Intensitate (0-100)?

Comportament: Ce ai făcut sau spus?

Alternativă: Ce alt gând ai fi putut avea? Ce reacție ar fi fost mai echilibrată?

Acest tip de jurnal este bazat pe principiile terapiei cognitiv-comportamentale (CBT), care leagă gândurile de emoții și acțiuni *(Beck, 1976)*.

3. Meditație ghidată pentru observarea gândurilor

Setează un cronometru pentru 5-10 minute. Așază-te într-o poziție confortabilă și observă-ți gândurile **ca pe niște nori care trec**. Nu te agăța de ele, nu le opri, doar privește-le.

Beneficii:

- Dezidentificare de gânduri intruzive.

- Activarea cortexului prefrontal şi reducerea reactivităţii amigdalei.

- Creşterea toleranţei la disconfort cognitiv.

Meditaţia ghidată regulată modifică structura creierului, susţinând claritatea şi reglarea emoţională (*Tang et al., 2015*).

4. Tehnica „Gândul nu e fapt"

Alege un gând care te afectează des: „Sunt un eşec", „Nimeni nu mă iubeşte", „O să dau greş". Repetă-l în minte de 10 ori, ca pe o poezie mecanică. Apoi spune-ţi:

„Acesta este doar un gând. Nu este un fapt."

„Mintea mea produce gânduri, dar eu nu trebuie să le cred pe toate."

Efect: Rupi identificarea completă cu vocea internă critică. Înveţi să o observi şi să o dezactivezi blând.

Acest exerciţiu este inspirat din terapia prin acceptare şi angajament (ACT) şi ajută la difuzia cognitivă (*Hayes et al., 2006*).

5. Afirmaţii de autoreflecţie sănătoasă

Încheie ziua notând (sau spunând cu voce) 3-5 fraze care reflectă o perspectivă echilibrată asupra ta.

Exemple:

„Nu sunt definit(ă) de greşelile mele."

„Emoțiile mele sunt valide, chiar dacă nu sunt permanente."

„Am învățat ceva nou despre mine azi."

„Pot evolua fără să mă învinovățesc."

Afirmațiile bazate pe auto-compasiune sunt asociate cu o imagine de sine sănătoasă și reziliență emoțională *(Neff, 2003.*

Concluzie:

Vineri este despre **claritate în minte și blândețe în gândire**. Gândurile pot fi aliați sau inamici. Cu practică, poți învăța să le alegi pe cele care te ajută, nu pe cele care te rănesc.

Nu e nevoie să „gândești pozitiv" forțat, ci doar **mai conștient, mai realist, mai în acord cu ceea ce ești cu adevărat.**

Sâmbătă – Îngrijire personală și activare blândă

După o săptămână de muncă emoțională, tensiuni și provocări, corpul și mintea au nevoie de **recuperare conștientă**. Ziua de sâmbătă este despre **îngrijire, reîn-cărcare și reconectare cu ceea ce ne face bine** – nu ca răsfăț superficial, ci ca formă de igienă emoțională profundă.

A te îngriji cu intenție este un act de responsabilitate, nu de egoism. Este o dovadă că îți onorezi limitele și îți asculți nevoile reale.

1. Scanează-ți nevoile de bază (tehnica PLEASE din DBT)

Stările emoționale intense pot fi accentuate de nevoi fizice neîmplinite. În DBT, tehnica **PLEASE** te ajută să verifici:

PL – Physical Illness: Eşti bolnav(ă) sau ai nevoi medicale?

E – Eating: Ai mâncat suficient, echilibrat?

A – Avoid substances: Ai evitat alcoolul şi stimulentele?

S – Sleep: Ai dormit suficient în ultimele zile?

E – Exercise: Ai făcut mişcare blândă recent?

Scop: Să îţi aminteşti că **reglarea emoţională începe cu reglarea fiziologică**.

Tehnica PLEASE este o practică esenţială pentru echilibrul emoţional zilnic *(Linehan, 2014)*.

2. Activare comportamentală plăcută

În loc să aştepţi „starea de bine" ca să faci ceva, fă ceva **ca să generezi starea de bine**. Alege o activitate care îţi place – şi fă-o intenţionat, cu prezenţă.

Exemple:

• Gătit, pictat, citit, dansat, îngrijit plante.

• Ceva care nu este „productiv", ci doar **nutritiv pen-tru suflet**.

Activarea comportamentală este o strategie eficientă împotriva simptomelor depresive şi pentru creşterea plăcerii de a trăi *(Dimidjian şi colab., 2006)*.

3. Scrisoare de auto-compasiune

Ia un moment pentru a-ți scrie ție, ca unui prieten drag. Nu pentru a te critica sau corecta – ci pentru a te sprijini.

Ce poți include:

- O descriere empatică a cum te-ai simțit săptămâna aceasta.

- Recunoașterea eforturilor tale.

- Încurajări calde: „Ai făcut tot ce ai putut. Este în re-gulă să te odihnești.”

Auto-compasiunea reduce anxietatea, rușinea și auto-judecata, crescând stima de sine și reziliența *(Neff, 2003)*.

4. Practica recunoștinței conștiente

Notează 3 lucruri pentru care ești recunoscător/oare, dar mergi **mai adânc**:

Ce emoție pozitivă a generat acel lucru în tine?

Ce spune despre valorile tale?

Cum te-a influențat în mod real?

Scop: Să cultivi atenția asupra resurselor tale emoționale, nu doar a golurilor.

Recunoștința cultivată conștient reduce simptomele de depresie și anxietate *(Emmons & McCullough, 2003)*.

5. Respirație blândă + afirmație de prezență

Încheie ziua cu 3-5 minute de respirație lentă și o afirmație calmă, repetată în ritm cu respirația.

Exemplu:

Inspir: „Sunt aici.”

Expir: „Este în regulă să mă odihnesc.”

sau

Inspir: „Îmi ofer blândețe.”

Expir: „Îmi dau voie să încetinesc.”

Efect:

• Activare vagală.

• Scurgerea tensiunii mentale și emoționale acumu-late.

• Regăsirea unei relații mai calme cu tine însuți(ă).

Concluzie:

Sâmbăta este pentru hrănirea sinelui. Nu doar prin relaxare, ci prin acțiuni conștiente care te reconectează la esența ta umană.

Dacă ești obosit(ă), nu înseamnă că ești slab(ă). Înseamnă că ești viu/vie.

A-ți oferi grijă în mod activ e o formă de vindecare pro-fundă. Tu meriți.

Duminică – Reflecție, integrare și intenție

Duminica nu este despre a face mai mult, ci despre **a înțelege ce ai făcut deja**, cum te-ai simțit, ce ai învățat și ce duci cu tine mai departe. E o zi de **consolidare emo-țională**, în care nu te grăbești să „repari” sau să „opti-mizezi” ceva, ci pur și simplu te aşezi în propria experienţă. Asta în sine este vindecător.

1. Jurnal de reflecţie săptămânală – Ce mi-a mişcat sufletul?

Ia un carneţel sau o pagină albă şi răspunde sincer la aceste întrebări:

Ce emoţii am simţit cel mai des săptămâna aceasta?

Ce m-a ajutat să le gestionez?

Când m-am simţit cel/cea mai conectat(ă) cu mine sau cu alţii?

Ce gânduri recurente am avut? Le cred în continuare?

Ce am învăţat despre mine?

Scrierea expresivă regulată duce la o mai bună integrare emoţională şi la reducerea simptomelor de stres *(Pennebaker & Seagal, 1999)*.

2. Auto-validare retrospectivă

Priveşte săptămâna care a trecut nu cu judecată, ci cu **acceptare şi recunoaştere**.

Spune-ţi:

„A fost o săptămână reală, nu perfectă.”

„Am făcut tot ce am putut cu ce am avut.”

„Chiar şi greşelile mele vorbesc despre nevoia de evoluţie, nu despre eşec.”

Auto-validarea reduce ruşinea şi sprijină un simţ sănătos al valorii de sine *(Neff, 2003)*.

3. Practică de mindfulness tăcut – 10 minute

Stai în liniște. Nu încerca să „meditezi perfect". Doar fii acolo.

Recomandări:

Așază-te confortabil, spatele drept.

Observă respirația, sunetele din jur, greutatea cor-pului.

Când mintea fuge, revino ușor.

Dacă apare o emoție, nu o alunga – salut-o și las-o să fie.

Mindfulness-ul regulat îmbunătățește reglarea emoțională și crește densitatea de materie cenușie în regiunile asociate cu autocontrolul *(Tang et al., 2015)*.

4. Stabilește o intenție blândă pentru săptămâna viitoare

Nu un obiectiv forțat sau un „to do". O **intenție sufletească**, ghid clar, viu și flexibil.

Exemple:

„Vreau să mă ascult mai des, nu doar să reacționez."

„Aleg blândețca, mai ales când greșesc."

„Îmi dau voie să mă exprim, chiar și imperfect."

„Nu trebuie să am totul clar, e ok să fiu în proces."

Scrie-o undeva vizibil – pe oglindă, în agendă, pe fundalul telefonului.

5. Ritual simbolic de încheiere

Creierul și corpul reacționează bine la simboluri. Creează un mic ritual de încheiere a săptămânii.

Exemple:

Aprinde o lumânare și stai în liniște 3 minute.

Fă o baie caldă cu intenția de „curățare energetică".

Strânge jurnalul la piept și spune: „Aici sunt. Și e suficient."

Ascultă o melodie care te liniștește cu ochii închiși.

Ritualurile simple dar intenționate activează circuite neurologice de siguranță și încheiere, care ajută la integrarea proceselor emoționale *(Van der Kolk, 2014)*.

Concluzie:

Duminica este spațiul dintre – între ce a fost și ce urmează. Este terenul tău sacru pentru **a-ți oferi blândețe, înțelegere și liniște.**

Reflectând cu intenție, îți onorezi parcursul, în loc să îl ignori. Asta îți oferă **claritate, nu control. Împământare, nu rigiditate.**

Este felul în care spui: *„ Văd ce am trăit. Și rămân aici pentru mine."*

CAPITOLUL V

Un mic ghid pentru zile grele

Pentru momentele în care simți că nu mai poți. Sau că nu mai știi cum.

Unele zile nu încep greu. Dar ne găsesc deja epuizați.

Cu mintea obosită. Cu corpul tensionat. Cu sufletul fără cuvinte.

Această parte a cărții nu este un „remediu". Este o însoțire.

Nu-ți va spune cum „să ieși din starea asta", ci cum să rămâi în viață cu ea – fără să te pierzi pe tine.

I. Ce este, de fapt, o zi grea?

O zi grea nu înseamnă neapărat o tragedie. Poate nu s-a întâmplat nimic vizibil. Dar corpul tău nu mai vrea să se ridice. Mintea aleargă în cerc. Sau se oprește, ca un ecran blocat. Te simți amorțit(ă), dar și copleșit(ă). Nu ai chef de nimic, dar ți-e teamă să stai cu tine. Nimic nu pare să te liniștească.

> *Unele zile sunt doar vârful unui iceberg format din toate lucrurile pe care n-ai apucat să le simți atunci când s-au întâmplat.*

Ce se întâmplă în corp şi creier

Când eşti copleşit(ă), sistemul tău nervos intră într-o stare de alertă sau colaps. Amigdala (centrul fricii) se activează. Cortexul prefrontal (gândirea raţională) se închide parţial. Apar reacţiile automate: fugi, luptă, îngheaţă sau plăteşte preţul epuizării nervoase (colaps vagal).

Nu eşti slab(ă). Nu dramatizezi. Eşti doar biologic supra-solicitat(ă).

Nu eşti „prea sensibil(ă)". Eşti om. Şi ai nevoie de reglare, nu de judecată.

II. Trei forme de durere invizibilă

Durerea care vine din trecut: Amintiri neprocesate. Emoţii băgate sub preş. Răni vechi care se reactivează în prezent. Trauma nu e doar ce s-a întâmplat. Trauma este ceea ce rămâne în tine mult timp după ce s-a în-tâmplat.

Durerea care vine din viitor: Anxietatea, îngrijo-rarea cronică, anticiparea catastrofelor. Mintea pro-iectează scenarii negative ca o încercare de a prelua controlul. Dar nu face decât să te epuizeze.

Durerea de sine: Critica internă. Ruşinea. Gândurile de inutilitate sau neputinţă. Acel monolog interior care spune: „Nu eşti destul. N-o să reuşeşti. E vina ta."

Toate aceste dureri au nevoie de acelaşi lucru: recunoaştere. Nu soluţii grăbite, nu optimism forţat. Ci validare şi blân-deţe.

III. Cum să te porţi cu tine într-o zi grea

Într-o zi grea, nu ai nevoie să te convingi că „totul e bine". Pentru că, uneori, nu este.

În schimb, ai nevoie de spaţiu. De răbdare. De permisiunea de a fi exact aşa cum eşti.

Teoria ferestrei toleranţei (Daniel Siegel)

Când eşti în fereastra ta de toleranţă, simţi emoţii, dar le poţi gestiona. Când ieşi din ea:

- devii hiperactiv(ă) (anxietate, panică, agitaţie)
- sau hipoactiv(ă) (amorţeală, lipsă de energie, detaşare)

Scopul tău nu e să „te simţi bine". Ci să revii în fereastră.

Adică să simţi *fără să te îneci.*

IV. Zece permisiuni pentru zilele grele

1. Ai voie să nu răspunzi la mesaje.

2. Ai voie să nu fii productiv(ă).

3. Ai voie să nu ştii ce simţi.

4. Ai voie să mănânci ce îţi aduce confort, nu ce e „corect".

5. Ai voie să plângi. Şi să râzi după, fără vină.

6. Ai voie să amâni ce nu e urgent.

7. Ai voie să spui „Nu pot azi."

8. Ai voie să îţi vorbeşti blând.

9. Ai voie să nu ai răspunsuri.

10. Ai voie să te îngrijeşti, chiar dacă vocea critică îţi spune că nu meriţi.

Fiecare zi grea are nevoie de o protecţie: permisiunea ta de a fi om.

V. Mini-practici pentru criză emoțională

1. Reglare imediată: Când corpul tău e în alertă

Respirație de calmare (metoda 4-7-8)

Inspiră pe nas 4 secunde

Ține respirația 7 secunde

Expiră lent pe gură 8 secunde

Repetă de 4 ori

Respirația este singurul mod prin care îți poți regla sistemul nervos vagal în mod conștient.

Exercițiul „5–4–3–2–1" (ancorare senzorială)

5 lucruri pe care le vezi

4 lucruri pe care le poți atinge

3 lucruri pe care le auzi

2 lucruri pe care le miroși

1 lucru pe care îl guști

Acest exercițiu readuce creierul din viitor sau trecut în prezent.

2. Când nu mai știi ce simți

Scrisoare către tine

Scrie o scrisoare care începe cu:

„Dragă eu, știu că azi e greu. Și știu că..." Nu trebuie să
fie coerentă. Nici logică. Doar adevărată.

Cutia siguranţei

Fă o cutie (reală sau imaginară) cu:

- un obiect de confort (ex: eșarfă, pluș, poză)
- un miros care te calmează (ulei esenţial, cremă)
- o amintire scrisă de la cineva drag
- o frază de liniștire: „E OK să nu fii OK."

3. Când vocea critică e foarte puternică

Reîncadrare cognitivă blândă

Gând: „Sunt inutil(ă), n-o să reușesc."

Întrebare: *„Ce aș spune unui prieten care mi-ar spune asta?"*

Ce simţi e real. Ce gândești poate fi distorsionat. Dar nu e vina ta – e reflexul unui creier în defensivă.

Mantra de consolare

Spune-ţi în șoaptă, cu mâna pe piept:

„Sunt în siguranţă. Am voie să simt. Și pot trece prin asta, pas cu pas."

VI. Când eşti „funcţional(ă)" dar sfârşit(ă)

Există un tip de durere invizibilă: epuizarea emoţională ascunsă. Oamenii care zâmbesc, răspund la e-mailuri, îşi fac treaba. Dar pe dinăuntru, sunt goliţi.

Poate nimeni nu-ţi spune „Ce curajos/curajoasă eşti că te ţii în picioare." Dar eu îţi spun acum: *Faptul că rezişti nu înseamnă că nu doare.*

Semne:

- Te simţi „în ceaţă" constant
- Orice sarcină pare uriaşă
- Nu mai simţi plăcere nici în lucrurile dragi
- Ai nevoie disperată de pauză, dar nu ţi-o permiţi

Ce poţi face:

- Anulează un lucru din agendă, azi.
- Vorbeşte cu cineva care nu încearcă să te „repare".
- Fă o baie, nu pentru igienă, ci pentru conţinere.

VII. Ghid pentru gânduri grele

Dacă te vizitează gânduri foarte întunecate (de tipul: „Nu mai are rost"), ştiu că ţi-e greu să vorbeşti. Dar te rog: *nu le crede pe cuvânt.* Ele nu sunt *tu.* Ele sunt doar ecoul unei dureri foarte mari.

Ce poţi face:

- **Spune-le pe nume:** „Acesta e un gând greu. Nu o realitate."

• **Aminteşte-ţi:** *Tot ce simţi acum e trecător, chiar dacă pare etern.*

• **Scrie pe o foaie, fără cenzură.** Rupe-o după. Dar lasă cuvintele să iasă.

• **Sună pe cineva.** Nu pentru sfaturi. Ci ca să nu fii singur(ă) în gânduri.

VIII. Dacă aş fi lângă tine azi...

Ţi-aş face ceaiul tău preferat.

Ţi-aş pune o pătură moale pe umeri. Şi ţi-aş spune, fără grabă:

„Nu trebuie să fii OK. Nici să te ridici. Tot ce ai nevoie azi e să ştii că n-ai rămas singur(ă) în ziua asta grea. Că e cineva – undeva – care înţelege. Şi care nu te judecă pentru cum simţi. Ci care îţi spune: Ai voie să cazi. Şi ai dreptul să fii ţinut(ă), chiar şi când nu poţi vorbi."

CAPITOLUL VI

Cum să nu te pierzi în ce simţi

Ce simţi e real. Dar nu e tot ce eşti.

Poţi avea o emoţie fără să fii acea emoţie.

Poţi trăi o durere fără ca ea să devină identitatea ta.

Asta nu e negare. E integritate psihologică.

Între emoţie şi identitate există o linie subţire. Atunci când ea dispare, apare suferinţa. Nu pentru că emoţia e disfuncţională, ci pentru că devine definitorie. Acolo unde dispare distincţia între „ce simt" şi „cine sunt", se pierde libertatea interioară.

Acest capitol nu este despre „a controla emoţiile". Este despre cum rămâi tu însuţi chiar şi atunci când în interiorul tău e o furtună.

I. Fundamente conceptuale: emoţia ca semnal vs. emoţia ca sine

În mod ideal, emoţiile au o funcţie adaptativă – sunt sem-nale afective cu valoare informaţională, orientate spre reglare internă şi interacţiune socială. Însă în multe situaţii, ele nu mai sunt tratate ca mesaje, ci ca definiţii.

Identificarea emoțională este procesul prin care individul nu mai distinge între sinele său (ca structură identitară stabilă) și afectul de moment (ca stare tranzitorie). În acel punct, afectul devine ontologie.

Nu mai „simt vină" – sunt vinovăția.

Nu mai „trăiesc rușine" – sunt rușinos(ă).

Nu mai „simt respingere" – sunt fundamental de ne-iubit.

Această confuzie structurală duce la perturbări în auto-reglare, în auto-concept și în capacitatea de a acționa în mod deliberat, nu reactiv. Din punct de vedere clinic, identificarea emoțională este o componentă transversală prezentă în multiple tulburări psihice: depresie majoră, tulburare de personalitate borderline, tulburare de stres post-traumatic, tulburări disociative și comportamente de-pendente.

II. Model neuropsihologic integrativ: de la reactivitate la reflexivitate

În termeni neurofuncționali, identificarea cu emoția poate fi descrisă ca o preluare a controlului de către sistemele subcorticale (amigdală, hipotalamus, trunchi cerebral), cu suprimarea temporară a activității executive a cortexului prefrontal medial (CPFm) – regiune responsabilă pentru mentalizare, inhibiție, reprezentare de sine și autoreglare conștientă.

1. Activarea sistemului limbic

Când o emoție este percepută ca pericol (intern sau extern), sistemul limbic activează reacții rapide:

- evaluare de tip „totul sau nimic"

- generalizare afectivă

- activare autonomă şi somatică

- înregistrare implicită a afectului în memorie afectivă

2. Hipoactivarea cortexului prefrontal medial

CPFm, responsabil de reflectarea conştientă şi simbolizarea trăirilor, devine hipofuncţional. Nu mai poate eticheta, decelera şi contextualiza trăirea. Afectul nu mai este trăit ca un conţinut psihic, ci ca o stare globală de a fi.

- Emoţia nu mai este „ceva ce am", ci „ceva ce sunt".

- Efectul psihologic este colapsul funcţiei simbolice.

III. Psihodinamica identificării: internalizări timpurii, ataşament şi eul slab simbolizat

În dezvoltarea psihică timpurie, diferenţierea dintre afect şi sine depinde de funcţia de oglindire a îngrijitorului.

Dacă mama (sau figura primară de ataşament) poate re-flecta emoţia copilului fără să o respingă, să o amplifice sau să se contopească cu ea, atunci copilul învaţă treptat:

- că afectul este tolerabil

- că nu trebuie să fie anulat sau corectat

- că el nu este furia, ruşinea sau disperarea sa

Acest proces este descris în teoria mentalizării *(Fonagy şi Target)* ca dezvoltarea unei funcţii reflexive robuste: capacitatea de a conţine stările afective fără a le deveni sclav.

În absenţa acestui proces, copilul nu primeşte o „hartă afectivă" clară.

Emoțiile devin totalizante. Nu sunt trăiri, ci etichete identitare:

„Dacă sunt furios, sunt periculos.”

„Dacă sunt trist(ă), sunt de neiubit.”

„Dacă simt frică, sunt slab(ă).”

Aceste concluzii devin nuclee disfuncționale de sine, care, în viața adultă, se reactivează în mod automat atunci când emoțiile ating un prag de intensitate.

IV. Simptome clinice ale identificării emoționale

Auto-definiții rigide bazate pe afecte trecătoare

„Sunt o persoană rea pentru că am simțit furie.”

„Sunt slab(ă) pentru că am fost copleșit(ă) de frică.”

Conflicte intra-psihice nerezolvate

Disonanță între imaginea de sine și trăirea emoțională („Nu ar trebui să simt asta”)

Tendință spre auto-reprimare sau disociere

Blocaje terapeutice

Incapacitatea de a lucra cu emoțiile pentru că sunt confundate cu realitatea identitară

Rușine toxică legată de însăși apariția afectului („Dacă simt asta, nu merit ajutor”)

V. Direcţii de intervenţie terapeutică: cum se reconstruieşte distanţa internă

În abordarea integrativă, intervenţia presupune restabilirea spaţiului dintre afect şi identitate. Asta implică trei paşi terapeutici:

1. Refacerea funcţiei simbolice – afectul ca mesaj, nu ca verdict

Terapia are rolul de a restabili funcţia de simbolizare afectivă: emoţia este un mesaj al eului, nu o sentinţă on-tologică.

Aceasta se face prin:

- etichetare verbală ghidată („Ce simţi acum?")

- normalizare afectivă („E firesc să apară ruşinea aici")

- resemnificare cognitivă („Poate că ruşinea nu spune cine eşti, ci ce ai trăit")

2. Consolidarea funcţiei reflexive – dezvoltarea observatorului interior

Prin expunere blândă la trăiri intense, pacientul este învăţat să:

- observe trăirea fără a o interpreta imediat

- distingă între conţinut şi conţinător

- recunoască faptul că afectul poate exista fără să-l definească

Aceasta este baza practicilor de tip mindfulness – în care se dezvoltă meta-poziţia: „eu nu sunt emoţia mea".

3. Întărirea sinelui coeziv prin relaţie terapeutică

Identificarea emoţională dispare treptat când există o relaţie în care emoţia este:

- văzută
- acceptată
- conţinută
- pusă în cuvinte
- reflectată înapoi fără panică sau respingere

Aceasta este funcţia coreglării – baza tuturor formelor de vindecare psihică profundă.

VI. Concluzie: între simţire şi fiinţă

Să simţi nu e periculos. Să fii furia, ruşinea sau abandonul tău – aceea e suferinţă.

Libertatea psihologică începe în momentul în care poţi spu-ne:

„Simt ruşine – dar asta nu înseamnă că sunt ruşi-nos(ă)."

„Simt frică – dar asta nu înseamnă că sunt slab(ă)."

„Simt durere – dar asta nu înseamnă că sunt stri-cat(ă)."

În acel moment, afectul devine informaţie. Iar sinele ră-mâne intact, prezent, reflectiv.

Nu e vorba să elimini emoţiile. Ci să le porţi fără să te di-zolvi în ele.

CAPITOLUL VII

Ce rămâne după ce simţi

Emoţiile vin ca nişte unde. Când ne luptăm cu ele, ne lo-vesc.

Când le înăbuşim, rămân captive în corp.

Dar când le lăsăm să ne traverseze – în prezenţă, fără iden-tificare – ele trec.

Iar în urma lor rămâne o urme adâncă, dar tăcută: o cu-noaştere despre sine.

I. Emoţia este un proces tranzitoriu, nu o realitate permanentă

I.1. Stare versus structură

Una dintre cele mai frecvente erori psihice, în special în stări de vulnerabilitate afectivă, este confuzia între o stare emoţională tranzitorie şi o identitate stabilă de sine. Această eroare este susţinută de disfuncţia temporară a cortexului prefrontal în timpul activării emoţionale intense *(Arnsten, 2009)*, ceea ce reduce capacitatea de metacogniţie şi evaluare raţională.

„Simt furie" devine „Sunt furios şi periculos."

„Simt ruşine" devine „Sunt fundamental greşit."

„Simt abandon" devine „Sunt imposibil de iubit."

Aceasta este forma de bază a identificării emoționale, un proces descris și în terapia cognitivă ca fuziune afectivă *(Beck, 2011)* – în care gândurile și emoțiile sunt tratate ca realități obiective, nu ca reprezentări subiective ale unui context trecător.

I.2. Ciclul neurofiziologic al unei emoții

Din punct de vedere neurologic, o emoție primară activează sistemul limbic (amigdală, hipotalamus, insulă anterioară), declanșând un răspuns neurovegetativ *(James & Gross, 1999)*. În lipsa întreținerii cognitive (ruminație, evitări mentale, catastrofizare), emoția își urmează cursul natural și se disipează în aproximativ 90 de secunde, potrivit neuroanatomistei Jill Bolte Taylor (2008).

Persistența emoțională este cauzată nu de activitatea afectivă în sine, ci de mecanismele cognitive de întreținere:

- ruminație *(Nolen-Hoeksema, 2000)*

- reactivare traumatică *(van der Kolk, 2014)*

- fuziune gând-emoție *(Hayes et al., 2006)*

Astfel, ceea ce părea o emoție „eternă" este, de fapt, o stare prelungită artificial de către minte, în absența autoreglării conștiente.

II. Sinele afectiv integrat: definiție și funcționare

II.1. Ce înseamnă integrare afectivă?

Integrarea afectivă presupune un proces psihologic în care individul:

• recunoaște emoția fără să o respingă,

• rămâne cu ea fără să se identifice cu ea,

• înțelege semnificația sa simbolică,

• și o include în narațiunea de sine fără distorsiune.

Această definiție derivă din lucrările lui Allan Schore (2003), care leagă dezvoltarea sinelui afectiv coeziv de maturizarea cortexului orbitofrontal și de reglarea afectivă prin atașament sigur.

„Un sine afectiv integrat este capabil să simtă, să reflecteze, să înțeleagă și să transforme."

II.2. Componentele unui sine integrat

Recunoaștere afectivă – conștientizarea emoție susținută de insula anterioară și CPFm *(Craig, 2009)*

Toleranță la disconfort – capacitatea de a conține afectul conceptualizată ca *distress tolerance* în DBT *(Linehan, 1993)*

Simbolizare – transformarea emoției brute în gând articulabil funcție centrală în procesul de mentalizare *(Fonagy & Target, 2005)*

Integrare narativă – includerea afectului în povestea identitară bază pentru *narrative identity (McAdams, 2001)*

Aceste funcții nu sunt înnăscute, ci se dezvoltă prin relații de atașament sigur, coreglare emoțională și reflecție ghidată – în terapie sau în relații intime semnificative.

III. Ce învăţăm despre noi în urma emoţiilor procesate

III.1. Emoţiile sunt vectori de informaţie

Susan David (2016), în lucrarea *Emotional Agility*, afirmă că „emoţiile, chiar cele dureroase, sunt date – nu directive." Ele ne oferă informaţii despre ceea ce contează pentru noi, ce ne-a rănit şi ce ne este teamă să pierdem.

Furia → nedreptate sau graniţe încălcate

Tristeţea → pierdere, absenţă, ataşament

Ruşinea → frica de excludere, nevoia de apartenenţă

Anxietatea → nevoia de control sau predictibilitate

Prin reflecţie ghidată, aceste emoţii se transformă din reacţii în ghiduri pentru sinele autentic.

III.2. Emoţia procesată = identitate rafinată

Fiecare emoţie trăită şi înţeleasă adaugă o piesă în puzzle-ul sinelui. Emoţia neprocesată este ca o rană deschisă; cea procesată devine ţesut cicatrizat, dar întărit. Procesul este similar cu ceea ce Carl Rogers numea self congruence – cocrenţa între experienţă, conştiinţă şi exprimare *(Rogers, 1961)*.

IV. Intensitatea afectivă ca potenţial, nu ca defect

IV.1. Ce este intensitatea afectivă?

Intensitatea nu înseamnă dezechilibru. Înseamnă:

• sensibilitate de bază crescută *(Aron, 1996 – HSP scale)*

- reactivitate autonomă puternică

- capacitate empatică extinsă

- memorie afectivă durabilă

Aceasta este adesea greșit diagnosticată ca instabilitate afectivă, dar poate fi, în contextul corect, o formă de inteligență emoțională profundă.

IV.2. Canalizarea intensității: de la haos la har

Intensitatea devine resursă atunci când este:

- reflectată verbal → inteligență emoțională

- exprimate simbolic → creativitate

- rămasă conținută → prezență empatică

- pusă în relație → capacitate de legături autentice

Persoanele cu profil emoțional intens pot deveni terapeuți, lideri etici, vizionari creativi – dacă învață să își transforme sistemul afectiv din reactiv în receptiv.

V. Ce se întâmplă în psihic după ce emoția a fost procesată

V.1. Schimbări neurocognitive

- Amigdala își reduce activarea *(Lieberman et al., 2007)*

- CPFm revine online, crescând flexibilitatea cog-nitivă

- Se formează noi conexiuni între cortexul limbic și zonele prefrontale

- Se consolidează memoriile explicite în locul celor implicit reactive

V.2. Schimbări subiective

- creşte sentimentul de autonomie

- scade nevoia de evitare

- apare o linişte activă, nu pasivă: liniştea care înţelege

- creşte compasiunea faţă de sine

VI. Concluzie

Ce rămâne după ce simţi?

Rămâne o parte din tine care s-a întors acasă. Rămâne un sine mai puţin temător de ce simte. Rămâne un spaţiu în care ai loc să fii, indiferent de ce vine peste tine.

După emoţie, nu revii la cine ai fost. Devii cineva care ştie ce înseamnă să treci prin tine însuţi(ă) – şi să rămâi în viaţă, prezent(ă), autentic(ă).

Emoţiile nu sunt slăbiciune. Sunt dovezi că eşti viu(ve). Iar după ce le-ai simţit – cu tot ce au adus – rămâi tu. Mai adânc. Mai coerent. Mai întreg

Ghid de integrare emoţională: Exerciţii pentru după ce simţi

Aceste exerciţii nu sunt pentru a „rezolva" emoţiile, ci pen-tru a sta cu ele. Pentru a învăţa ceva din ele. Pentru a deveni cineva care poate simţi, fără să se piardă în ce simte.

I. Exerciţiu de cartografiere afectivă

Scop: identificarea şi diferenţierea emoţiilor resimţite re-cent

Instrucțiuni:

Gândește-te la ultima emoție puternică pe care ai simțit-o. Răspunde în scris:

1. Ce emoție a fost? Poți numi mai multe?

2. Unde am simțit-o în corp?

3. Ce gânduri au însoțit-o?

4. Ce mesaj crezi că avea emoția pentru tine?

5. Ce ai făcut în fața ei?

Scopul acestui exercițiu: este să te reobișnuiești cu ideea că emoțiile sunt semnale, nu definiții ale valorii tale.

II. Exercițiul „Eu nu sunt emoția mea"

Scop: recâștigarea distanței interne față de o emoție intensă

Inspirat de: funcția observatorului interior din ACT (Tera-pia prin Acceptare și Angajament) și mindfulness

Instrucțiuni:

Alege o emoție care te copleșește frecvent.

Scrie o listă:

Ce îmi spune această emoție despre mine?

Ce cred că spune despre ceilalți?

Ce fapt concret o declanșează?

Ce judecată apare în mintea mea?

Formulează apoi: „Observ că simt _____, și că mintea îmi spune _____. Dar eu nu sunt acea emoție. Eu sunt cel/cea care observă ce simte."

Scopul exercițiului: nu este calmarea, ci difuzia.

III. Exerciţiul „Jurnal de învăţare din durere"

Scop: extragerea de sensuri şi învăţături dintr-o emoţie puternică trecută

Inspirat de: logoterapie (Frankl), reconstrucţie narativă (White & Epston)

Instrucţiuni:

Gândeşte-te la o perioadă dureroasă şi răspunde:

1. Ce emoţie era predominantă?

2. De ce o judecai ca negativă?

3. Ce ai învăţat despre tine?

4. Ce ai învăţat despre ceilalţi?

5. Cum ai devenit alt(ă) după acel moment?

Scopul: transformarea suferinţei în înţelegere de sine.

IV. Fraze de integrare

Scop: antrenarea unui limbaj intern conţinător, blând şi non-identificator.

Alege una sau două fraze şi scrie-le sau spune-le cu voce tare:

• Pot simţi ceva intens fără să însemne că sunt gre-şit(ă).

• Această emoţie vine şi pleacă. Eu rămân.

• Ce simt este real, dar nu este tot ce sunt.

• Această durere are o poveste. Iar povestea poate fi spusă altfel.

• Am fost acolo cu mine. Şi asta e ceva ce nu mi se poate lua.

• Mă pot purta blând cu mine, chiar şi când nu înţeleg de ce simt ce simt.

V. Exerciţiu-sinteză: Harta emoţiei procesate

Scop: reconstituirea conştientă a unui proces afectiv com-plet – pentru a învăţa, nu pentru a corecta.

Componentă	Răspuns personal
Emoţia principală	
Contextul declanşării	
Gândurile asociate	
Ce am făcut iniţial	
Cum m-am raportat la mine	
Ce am înţeles despre mine	
Ce a rămas după ce am simţit	
Cum aş putea duce emoţia altfel data viitoare	

Aceste exerciţii sunt despre a sta cu adevărul tău afectiv fără să fugi de el, despre a extrage sens fără să minimalizezi durerea şi despre a-ţi reaminti că nu eşti ceea ce simţi – dar eşti cineva care are capacitatea să simtă până la capăt, fără să se piardă.

CAPITOLUL VIII

Cum rămâi întreg într-o lume care te face să te simți prea mult

Aceasta nu este o concluzie. Este o revenire la sine. După ce ai trăit, ai simțit, ai traversat, ai căutat sens. Această parte a cărții nu închide – ci ancorează. Te reîntoarce în tine. Cu tot ce știi acum despre cine ești.

I. Sensibilitatea profundă nu este o greșeală – ci o formă de conștiință afectivă

Trăim într-o cultură care onorează eficiența și penalizează vulnerabilitatea. Suntem învățați să ne adaptăm, să nu incomodăm, să nu „simțim prea tare". Emoțiile devin suspecte, iar sensibilitatea devine un stigmat social mascat în îndemnuri subtile:

„Nu fi așa de sensibil(ă)!"

„Te afectezi prea tare."

„Ia lucrurile mai ușor, nu e mare lucru."

„Controlează-te, ești adult(ă), nu copil(ă)."

Aceste mesaje creează, treptat, o ruptură internă: între ceea ce simți și ceea ce „ar trebui" să simți. Între cine ești și cine ți se cere să fii. Între adevărul tău emoțional și masca socială a funcționalității.

Ce se întâmplă în psihicul unei persoane intens sensibile?

Când sensibilitatea este invalidată sau ridiculizată, apar mecanisme compensatorii:

- supracontrol emoțional (anxietate de performanță, perfecționism)

- evitarea conexiunii autentice (de teamă că va răni)

- autoblame cronice („sunt prea complicat(ă)", „sunt o povară")

- tulburări de reglare afectivă (hiperactivare sau colaps vagal)

În fond, nu sensibilitatea în sine este problema. Ci absența unui cadru de înțelegere, susținere și integrare.

Sensibilitatea fără conținere devine haos. Sensibilitatea însoțită devine înțelepciune trăită.

II. Ce înseamnă, de fapt, „a rămâne întreg"

A rămâne întreg nu înseamnă a nu suferi. Nici a fi constant calm(ă), liniștit(ă), echilibrat(ă). Nici a avea răspunsuri pentru tot ce simți.

A rămâne întreg înseamnă:

- a simți rușine și totuși a nu te ascunde de tine

- a simți furie și a nu distruge

- a simți frică și a nu fugi de relație

• a simți tristețe și a nu transforma asta într-o pedeapsă

Întregul nu înseamnă „întregit". Înseamnă „cuprinzător". Înseamnă că poți simți fără să te destrami. Că poți rămâne acasă în tine, chiar și când emoțiile te zguduie.

Un sine întreg este acela care a învățat să rămână prezent în toate părțile sale. Chiar și în cele rănite. Mai ales în cele rănite.

III. Cum arată o viață trăită cu sensibilitate asumată

Această întrebare pare, uneori, imposibilă. Pentru că ai fost crescut(ă) să crezi că emoția trebuie ascunsă. Că vulnerabilitatea trebuie mascată. Că intensitatea ta va fi întotdeauna „prea mult" pentru ceilalți. Dar există o altă cale.

A trăi cu sensibilitate asumată înseamnă:

• să nu te mai cenzurezi pentru a fi acceptat(ă)

• să te exprimi fără teamă că vei fi ridiculizat(ă)

• să alegi relații în care profunzimea nu este un defect, ci o calitate apreciată

• să spui „nu pot azi" fără să te simți inferior(ă)

• să fii blând(ă) cu tine exact în momentele în care, altădată, te-ai fi distrus

Este o cale grea. Pentru că presupune dezvățarea a tot ce ți s-a spus că trebuie să fii.

Presupune renunțarea la masca controlului și asumarea unei forme de autenticitate care poate speria: autenticitatea celui care simte, dar nu cere permisiunea de a exista.

IV. Cum se transformă sensibilitatea în resursă

Sensibilitatea ta a fost supraviețuire. A fost vigilență, conexiune, antenă fină în medii nesigure. A fost capacitatea de a simți ce alții nu pot numi. Dar nu a fost recunoscută ca atare.

Acum, însă, o poți transforma:

1. În empatie profundă

Oamenii care simt intens pot sta cu suferința altora fără să o minimalizeze. Pot conține lacrimi, pot însoți frică, pot valida rușinea. Aceasta este o putere tăcută, dar revo-luționară.

2. În busolă relațională

Sensibilitatea ta îți arată când o conexiune e autentică.

Când e ceva fals într-un zâmbet.

Când e ceva important într-un cuvânt.

Această sensibilitate poate fi ghid pentru siguranța emo-țională.

3. În expresie autentică

Dacă o lași să curgă, sensibilitatea poate deveni scris, pic-tură, muzică, cuvânt.

Poate deveni vocea ta – nu ca reacție, ci ca prezență.

Poți construi din emoție. Nu doar supraviețui cu ea.

V. Ce rămâne, după ce ai simțit totul

Poate ai crezut că, simțind atât de mult, te vei distruge. Că vei deveni un om instabil, imposibil, indezirabil. Că vei rămâne mereu „prea mult" pentru ceilalți și „nu destul" pentru tine.

Dar dacă ai simțit până la capăt și ai rămas cu tine, dacă ai stat în mijlocul durerii tale și nu ai fugit, dacă ai dat un sens rușinii, furiei, dorului, singurătății — atunci ai devenit cine-va care poate locui în propria viață.

Ce rămâne după emoție nu este gol. Este o tăcere diferită. O tăcere care nu înseamnă absență, ci integrare. O liniște care vine doar după ce ai simțit tot ce ai evitat.

VI. Ultimul adevăr: nu ești prea mult

Această carte a fost scrisă pentru tine. Pentru tine, cel/cea care a fost rușinat(ă) pentru ce simte. Care a învățat să se ascundă în sine, să se judece, să se micșoreze. Pentru tine, cel/cea care nu a înțeles de ce totul doare așa de tare, dar a continuat să caute sens.

Poate nu ai auzit des aceste cuvinte, dar îți spun acum:

Nu ești prea mult.

Nu simți „greșit".

Nu ești o povară.

Nu trebuie să te explici pentru ce simți.

Nu e nevoie să fii „mai tare" ca să meriți iubire.

Ești un om întreg. Cu o inimă care a simțit totul – și a rămas deschisă.

Epilog

Această carte nu te-a schimbat. Te-a readus la tine. Ți-a ofe-rit limbaj pentru ce nu știai cum să numești. Ți-a oferit un spațiu în care să nu te simți anormal(ă) pentru ceea ce tră-iești. Și, poate, un început.

Pentru că a simți nu este sfârșitul. Este începutul de a de-veni. De a trăi. De a fi viu(vie), nu doar funcțional(ă).

Și dacă te vei rătăci din nou în propriile tale trăiri, știi acum unde să te întorci.

La tine. În întregimea ta.

Bibliografie

Aldao, A., Nolen-Hoeksema, S., & Schweizer, S. (2010). Emotion-regulation strategies across psychopathology: A meta-analytic review. Clinical Psychology Review, 30(2), 217–237.

Aron, E. N. (1996). The highly sensitive person: How to thrive when the world overwhelms you. Broadway Books.

Barnow, S., Limberg, A., Stopsack, M., Spitzer, C., Grabe, H. J., & Freyberger, H. J. (2013). Interpersonal evaluation bias in borderline personality disorder. Psychological Medicine, 43(4), 733–745.

Bardeen, J. R., Fergus, T. A., & Orcutt, H. K. (2013). Experiential avoidance as a moderator of the relationship between anxiety sensitivity and perceived stress. Behavior Therapy, 44(3), 459–469.

Beck, A. T. (1976). Cognitive therapy and the emotional disorders. International Universities Press.

Beck, A. T. (2011). Cognitive therapy: Basics and beyond (2nd ed.). Guilford Press.

Beck, A. T., & Emery, G. (1985). Anxiety disorders and phobias: A cognitive perspective. Basic Books.

Beck, A. T., Freeman, A., Davis, D. D., & Associates. (2004). Cognitive therapy of personality disorders (2nd ed.). Guilford Press.

Beck, A. T., & Haigh, E. A. P. (2014). Advances in cognitive theory and therapy: The generic cognitive model. Annual Review of Clinical Psychology, 10, 1–24.

Beck, A. T., Rush, A. J., Shaw, B. F., & Emery, G. (1979). Cognitive therapy of depression. Guilford Press.

Beck, J. S. (2011). Cognitive behavior therapy: Basics and beyond (2nd ed.). Guilford Press.

Bolte Taylor, J. (2008). My stroke of insight: A brain scientist's personal journey. Viking.

Bradley, B., DeFife, J. A., Guarnaccia, C., Phifer, J., Fani, N., Ressler, K. J., & Westen, D. (2011). Emotion dysregulation and negative affect: Association with psychiatric symptoms. Journal of Clinical Psychiatry, 72(5), 685–691.

Brans, K., Koval, P., Verduyn, P., Lim, Y. L., & Kuppens, P. (2013). The regulation of negative and positive affect in daily life. Emotion, 13(5), 926–939.

Chellappa, S. L., Gordijn, M. C. M., & Cajochen, C. (2011). Can light make us bright? Effects of light on cognition and sleep. Progress in Brain Research, 190, 119–133. https://doi.org/10.1016/B978-0-444-53817-8.00007-4

Church, D., Yount, G., & Brooks, A. J. (2012). The effect of emotional freedom techniques (EFT) on stress biochemistry: A randomized controlled trial. The Journal of Nervous and Mental Disease, 200(10), 891–896. https://doi.org/10.1097/NMD.0b013e31826b9fc1

Clark, D. A., & Beck, A. T. (2010). Cognitive therapy of anxiety disorders: Science and practice. Guilford Press.

Craig, A. D. (2009). How do you feel—now? The anterior insula and human awareness. Nature Reviews Neuroscience, 10(1), 59–70.

Damasio, A. R. (1999). The feeling of what happens: Body and emotion in the making of consciousness. Harcourt Brace.

Diamond, L. M., & Aspinwall, L. G. (2003). Emotion regulation across the life span: An integrative perspective emphasizing self-regulation, positive affect, and dyadic processes. Motivation and Emotion, 27(2), 125–156.

Dimidjian, S., Hollon, S. D., Dobson, K. S., et al. (2006). Behavioral activation treatment for depression: Returning to contextual roots. Clinical Psychology: Science and Practice, 13(3), 255–270.

Dozois, D. J., & Beck, A. T. (2008). Cognitive schemas, beliefs and assumptions. In K. S. Dobson & D. J. Dozois (Eds.), Risk factors in depression (pp. 119–143). Elsevier.

Emmons, R. A., & McCullough, M. E. (2003). Counting blessings versus burdens. Journal of Personality and Social Psychology, 84(2), 377–389.

Fonagy, P., & Target, M. (2005). Mentalization-focused interventions for borderline patients. American Psychiatric Publishing.

Gaher, R. M., Hofman, N., Simons, J. S., & Hunsaker, R. (2013). Emotion regulation deficits as mediators between trauma exposure and borderline symptoms. Cognitive Therapy and Research, 37(3), 466–475.

Goldsmith, D. R., Rapaport, M. H., & Miller, B. J. (2016). A meta-analysis of blood cytokine network alterations in psychiatric patients. American Journal of Psychiatry, 173(6), 600–615.

Gratz, K. L., & Roemer, L. (2004). Multidimensional assessment of emotion regulation and dysregulation. Journal of Psychopathology and Behavioral Assessment, 26(1), 41–54.

Hayes, S. C., Strosahl, K. D., & Wilson, K. G. (2006). Acceptance and commitment therapy: The process and practice of mindful change. Guilford Press.

Hölzel, B. K., Carmody, J., Vangel, M., et al. (2011). Mindfulness practice leads to increases in regional brain gray matter density. Psychiatry Research: Neuroimaging, 191(1), 36–43. https://doi.org/10.1016/j.pscychresns.2010.08.006

Kabat-Zinn, J. (2003). Mindfulness-based interventions in context: Past, present, and future. Clinical Psychology: Science and Practice, 10(2), 144–156.

Kim, J., & Cicchetti, D. (2010). Longitudinal pathways linking child maltreatment, emotion regulation, peer relations, and psychopathology. Journal of Child Psychology and Psychiatry, 51(6), 706–716.

Kranowitz, C. S. (2005). The out-of-sync child: Recognizing and coping with sensory processing disorder. Perigee.

Lambert, G. W., Reid, C., Kaye, D. M., Jennings, G. L., & Esler, M. D. (2002). Effect of sunlight and season on serotonin turnover in the brain. The Lancet, 360(9348), 1840–1842.

Lieberman, M. D., Eisenberger, N. I., et al. (2007). Putting feelings into words: Affect labeling disrupts amygdala activity. Psychological Science, 18(5), 421–428.

Limberg, A., Barnow, S., et al. (2011). Emotional dysregulation and attention problems in borderline personality disorder. Journal of Behavior Therapy and Experimental Psychiatry, 42(3), 285–290.

Linehan, M. M. (1993). Cognitive-behavioral treatment of borderline personality disorder. Guilford Press.

Linehan, M. M. (2014). DBT skills training manual (2nd ed.). Guilford Press.

McAdams, D. P. (2001). The psychology of life stories. Review of General Psychology, 5(2), 100–122.

Morris, A. S., Silk, J. S., Steinberg, L., Myers, S. S., & Robinson, L. R. (2007). The role of the family context in the development of emotion regulation. Social Development, 16(2), 361–388.

Moulton, S. J., Newman, E., Power, K. G., & Swanson, V. (2015). The role of emotion regulation in borderline personality disorder. Personality and Mental Health, 9(3), 198–209.

Neff, K. D. (2003). The development and validation of a scale to measure self-compassion. Self and Identity, 2(3), 223–250.

Nolen-Hoeksema, S. (2000). The role of rumination in depressive disorders and mixed anxiety/depression. Journal of Abnormal Psychology, 109(3), 504–511.

Pennebaker, J. W., & Seagal, J. D. (1999). Forming a story: The health benefits of narrative. Journal of Clinical Psychology, 55(10), 1243–1254.

Porges, S. W. (2007). The polyvagal perspective. Biological Psychology, 74(2), 116–143. https://doi.org/10.1016/j.biopsycho.2006.06.006

Rellini, A. H., Vujanovic, A. A., et al. (2012). Emotion regulation and posttraumatic stress symptoms in adult survivors of childhood sexual abuse. Journal of Nervous and Mental Disease, 200(9), 752–757.

Rogers, C. R. (1961). On becoming a person: A therapist's view of psychotherapy. Houghton Mifflin.

Sandercock, G. R. H., Bromley, P. D., & Brodie, D. A. (2005). Effects of exercise on heart rate variability. Medicine & Science in Sports & Exercise, 37(3), 433–439.

Schore, A. N. (2003). Affect regulation and the repair of the self. W. W. Norton & Company.

Schuch, F. B., Vancampfort, D., Richards, J., et al. (2016). Exercise as a treatment for depression: A meta-analysis. Journal of Psychiatric Research, 77, 42–51.

Smith, K. E., Mason, T. B., & Lavender, J. M. (2014). Rumination and disordered eating: A meta-analysis. Clinical Psychology Review, 34(2), 129–139.

Tang, Y. Y., Hölzel, B. K., & Posner, M. I. (2015). The neuroscience of mindfulness meditation. Nature Reviews Neuroscience, 16(4), 213–225.

Tiefer, L., Johnson, M., & Wagner, G. (2017). The use of cold exposure in managing acute distress. Journal of Integrative Psychology and Behavioral Science. (nepublicat formal – sursă aplicată DBT)

Van der Kolk, B. (2014). The body keeps the score: Brain, mind, and body in the healing of trauma. Viking.

Watson, D., Clark, L. A., & Tellegen, A. (1988). Development and validation of brief measures of positive and negative affect. Journal of Personality and Social Psychology, 54(6), 1063–1070.

Weil, A. (2011). Breathing: The master key to self healing [Audio lecture series].

Young, J. E., Klosko, J. S., & Weishaar, M. E. (2003). Schema therapy: A practitioner's guide. Guilford Press.

www.ingramcontent.com/pod-product-compliance
Lightning Source LLC
La Vergne TN
LVHW051541170726
843492LV00006B/1879